100万人中1位の
配信者が見てきた世界
羽川つばさ

この海の向こうに
君はいるのかな
なんて考えた

YOKOHAMA

毎日どれだけ話しても
話し足りないんだ

もういっそ
逢えたらいいのに

食べるのが本当にだいすき
もう中華街ごと丸飲みしたいくらい

なに食べようかなぁ

最初のひとくち、あげる!

ん?もうお腹いっぱい?

いろんなものを分けっこして
楽しめてたらいいな

配信って実はすごく孤独
でも、みおやみんなが居たから
頑張ることができた

蜂蜜みお

私の愛車は同い年のUZZ40

丸みとか
どこか似ている気がするの

おもいでの衣装たち

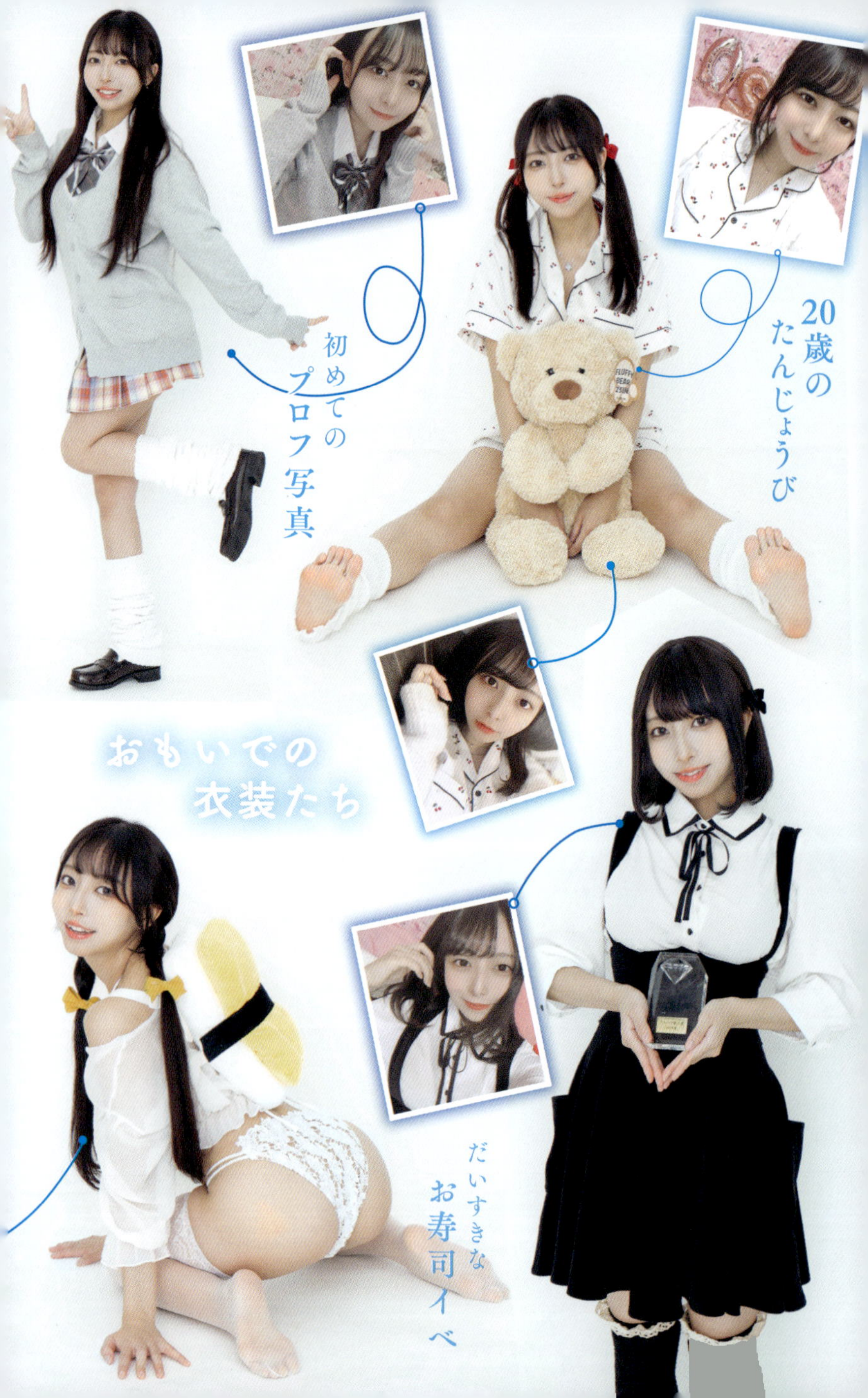

初めてのプロフ写真
20歳のたんじょうび
だいすきなお寿司イベ

君のおかげでもらった
トロフィーたち
たくさん、本当にありがとう

配信をしているときは

なによりも私らしい

配信で朝を迎えるのが好き
今日もがんばれって
ちゃんと伝えられるから

私のことを
見つけてくれて
本当にありがとう

撮影秘話

初めはこれほどしっかりとした写真を
撮影する予定はなかったのですが、
制作担当の方が「せっかくならちゃんと撮影して、載せましょう！」
と提案をしてくださって実現することとなった写真ページ。

まずロケ地をどこにするか…？という問いに
私は少し迷いながらも「山下公園！」と答えを出しました。

というのも、私は配信などで心が行き詰まったりすると
海の見える山下公園でよくエネルギーをもらっていたのです。
早朝から日が沈む頃までベンチに座り、ぼーっとしていた時も
さすがに今思い出すと面白くて少し笑ってしまいます。

撮影当日は親友である蜂蜜みおが付いて来てくれて
もう撮影ということも忘れてはしゃぎまくりました！！
朝露で濡れたベンチに気にせず腰かけてみんなを驚かせたり
中華街では食に夢中になって食べ物を見つけてはダッシュし、
その後のスタジオでの自然光撮影が夕日になってしまったり…笑
愛する車SCと撮影させてもらえたこともすっごく嬉しかったです。

出版社の皆さま、担当してくださった方、カメラマンさん、そして
この本を手に取ってくれたあなたへ

本当にありがとう……！！

等身大の羽川つばさより、愛をこめて！

はじめに

みなさんは、チャットレディというお仕事についてご存じでしょうか？

「なんだか怪しい仕事じゃないの？」

「インターネット版の風俗みたいなものでしょ」

「よく『高額時給』みたいなに募集している仕事だよね」

といったイメージを想像される方もいるかもしれません。


チャットレディとは、簡単にいえば、インターネット上で映像や音声、テキストを通じて、女の子がお客さんとコミュニケーションを取る仕事です。

パソコンとモニター、カメラ、ネット環境があればどこでできるので、時間や場所に制約がなく、柔軟な働き方ができるのも特徴です。そのため、自分のライフスタイルに合わせた働き方ができます。

また、人気やパフォーマンスによって高収入を得られる可能性もあり、多くの女性がこの仕事に挑戦しています。

時にチャットレディのお仕事は、配信を視聴するお客さんからのアダルトな要求に応えたり、セクシーなパフォーマンスを行ったりするケースもあります。

ただ近年では、服は脱がず、お話だけでお客さんを満足させる「ノンアダルト」というジャンルのチャットレディが増加しています。そして、私自身もFANZAという大手配信サービス運営サイトで、ノンアダルトジャンルの売上ナンバーワンのチャットレディとして活動しています。

現在の最高売上は月間約1300万円で、この記録はおそらくノンアダルトのチャットレディとしては最高額だと思います。

チャットレディ業界の市場は現在500億円近くあるとも言われており、オンライン配信ビジネスがブームとなっているなか、その潜在的な市場価値はより広がっていくと考えられています。

そんななか、私が本書を書いた理由は、「アダルトな世界で、あまりよい印象がない」と思われがちなチャットレディの実体を、もっと多くの方に知ってほしかったからです。

本書のなかでもご説明していきますが、私自身は「普通の会社勤めなんて絶対にムリ！」と自他ともに認めるほどのコミュ障で、人見知りです。正直、誰が見ても、一般社会に適応できてない社会不適合者だと自覚しています。

でも、そんなダメな私でも、たくさんのお客さんに感謝され、その対価としてたくさんのお金をいただける場であるチャットレディというお仕事には、誇りを持っています。

また、チャットレディは、私のように「社会不適合者」と言われるような女の子たちでも活躍できる貴重な場でもあります。

本書を通じて、より多くの方に、チャットレディという仕事について関心を持ってもらえれば、著者としてこんなに嬉しいことはありません。

ぜひページをめくって、知られざる私たちのチャットレディの世界を知っていただけたらと思います。

Chapter 1

コミュ障で社会不適合だった女の子――029

Contents

Chapter

4

100人中99人が続かないチャットレディ業界の実態

Contents

Chapter 6

チャットレディで1位になるまでに、私がやってきたこと

Contents

Chapter 1

コミュ障で社会不適合だった女の子

ゴミ屋敷で育った子ども時代

現在、月1000万円以上を売り上げるチャットレディとして働く私、羽川つばさがなぜこの職業を選んだのか。それをお話しする前に、まずは「羽川つばさ」という人間ができるまでの経緯として、簡単に私の家庭環境の話をさせてください。

四国出身で専業主婦の母と、関西出身の会社員の父。そんな二人の両親のもとで年の離れた弟妹と私は育ちました。生まれたのは、母の実家である愛媛県。そして、まだまだ物心つかない2～3歳の頃に、私たち家族は愛媛県から東京へと引っ越しをしました。

この仕事に就くまでの私はすごくコミュ障だったのですが、幼少期も大人数で遊ぶよりは一人でいることが多い子どもでした。でも、小学校低学年の頃は、近所の男の子たちと木に登って木の実を投げ合ったり、追いかけっこをしたりして遊んでいるなど、活発な時期もあったようです。

仲のよかった男の子と殴り合いのケンカの末、ランドセルを引きずり回してK・O・!! そして、角笛を吹き鳴らして勝ち名乗りを上げるような超超男勝りな面もありました。


こう書くと「ごく普通〜の少女時代を過ごしていたんだな」と思われるかもしれません。でも、私の家庭環境は、一つかなり変わった部分があったのです。


私の実家の外観は、比較的新しいおしゃれなデザイナーズマンション。

「ただいま」と玄関のドアを開けた瞬間に空気は一転、足の踏み場もないほどにモノであふれかえった室内。

天井までうずたかく積まれた衣服や雑貨、ぬいぐるみや本。

夜になるとビニール袋の上をカサカサと音をたてて、会合する漆黒の虫たち。

……そう、まさに絵に描いたような正真正銘のゴミ屋敷。それが、私が育った実家でした。

ビニール袋の上しか寝るスペースがない壮絶な家の中

当然ながら、ゆっくりと寝るスペースもないので、身体も気持ちも休まる気がしません。一度モノを失くすとなかなか探しても見つからないから、無駄な時間とお金がどんどん奪われていきます。にもかかわらず頻繁にモノを失くす私は、提出物などの忘れ物が多い学生でした。

当然、生活の質がとてつもなく低い家です。

冷蔵庫など多くの家電も壊れていて、とにかく不便。新しい家電を買いたくても、物が多すぎて搬入できず、交換できないほど……。

壊れた洗濯機も交換できなかったので、汚れた洗濯物はゴミ出し用の大きなビニール袋に入れて、ある程度溜まるまで保管。週に1〜3回ほどを目安に、そのゴミによく似た風貌の袋をママチャリの前後に3〜4袋乗せて近所のコインランドリーへ。

家には落ち着いて眠る布団やベッドなどは当たり前になかったのですが、衣服の入ったその袋の上が一番柔らかいので、その袋の上で寝るのが私の習慣でした。もちろんビニール素材の上なので汗がまったく吸収されず、夏場になるとあせもがどんどん増えてしまい、いつも体をかきむしるほど汗だくな日々！

今も実家は相変わらずなので、たまに帰省しても私はほとんど家の中には入らず、外で出てくるのを待っています。

もう5年ほどお風呂のドアもガス給湯器も壊れているので、家のお風呂を使う人はほとんどいません。なので近くの銭湯に行くか、夏は水風呂。冬はポットでお湯を沸かして、お水とそのお湯を桶に入れて体や頭を洗うのが我が家なりの生活の知恵でした。

幸いなことにトイレはかろうじて使えましたが、モノに圧迫されてドアの開きが悪く、いつまで使えるのやら……。もし使えなくなった日を思うと、かなりの恐怖を感じていたのが今や懐かしいです。

特に我が家が地獄と化すのは、夏場でした。家はそこそこ広いものの、クーラーは一番奥にある母の部屋にしかありません。なので、ドアを閉め切ってしまうと他の部屋には冷気が一切届かなかったのです。

そして、普通の家と一番違うのは、日常的に大量のゴキブリが発生していたことでしょうか。ビニール袋の上をゴキブリが歩くたびにカサカサという不穏な音が聞こえます。

毎日ゴキブリを見ていたので、虫に対しては一般的な女性に比べるとかなり耐性が強くなったと思います。中学生くらいからゴキブリを見ても全然驚くことはなく、母や弟妹が見つけて騒ぐ前にとっちめるのが当たり前でした。

どの家もゴキブリは毎日当たり前に出没するものだと思っていたので、一人暮らししたときには「ゴキブリって家で一日一回、必ず出会うものじゃないんだ!?」と驚きました。

そういう環境で育ったので、正直いまだに「床と屋根がある家に寝られるだけでもありがたい」と思っています。今は一人暮らしをしていますが、ふとしたときに「こんなふうに床が見える家に住めるなんてすごい!」と嬉しくなって、よく床にゴロゴロと寝転がっています。

繊細で頭のいい母と無邪気で自由な父の間に生まれる

そんなゴミ屋敷で過ごしていたわけなので、当然、私の両親もかなり変わった人物です。

父は人柄がよく愛想があり、そして子供っぽく自由奔放な人でした。B型らしくだいぶマイペースでおおらかな性格だからか、家の中や服のポケットにゴミがあってもまったく気にしないタイプ。

父とは対照的に、母は非常に真面目で完璧主義な人です。ゴミ屋敷に住んではいるものの、もともとはとてもきれい好きで、家事も大好きでした。

また、他人の心がとてもわかる繊細さもあって、記憶力や知識も抜群。子どもに対しても、とても慈愛に満ちた人でもあるのですが、その愛や優しさが時々、自分自身を追い詰めてしまうこともあったのです。

結婚前から父方の祖母との関係があまり良くなかった母は、嫁姑問題に悩むようになり、その時期からいろいろと重なって、うつ病になってしまいました（それもあって父方の家族とは絶縁しています）。そんな繊細な母が心を壊し、弱っていくメンタルを反映するかのように、家はどんどんモノで埋もれていったのだと思います。

さらに、同居している母方の祖母は外交的でいろいろな人からモノをもらってきては溜め込むタイプだったので、いつしか家全体が使えそうでもほとんど必要のないモノで埋まってしまうことになったのです。そして、私が気づいた頃には、既に我が家はゴミ屋敷になっていました。

ペットボトルも取っておく？　モノを捨てられない病

そんな家庭の影響なのか、実は私もまったく片付けができません。

もちろん心の中では「家は綺麗なほうがいいよなぁ」とは思うものの、汚い家に慣れてしまっているせいか、どうしても片付けは優先順位が下がってしまうのです。

正直、今住んでいる家は実家よりマシなものの、中レベルくらいのゴミ屋敷だと思います。
特に掃除に関する私の大きな欠点は、モノを捨てられない性格だということ。精神疾患としても2013年に定義されることになった「ためこみ症」というものなので、家の中にあるモノの一つひとつに思い出や感情を詰め込みすぎてしまうのです。

例えば、私が旅行中に外で寒がっていたとき、一緒に行った友達が地域限定の温かいペットボトルのドリンクを買ってくれたことがありました。
その優しさにとにかく感動して、「この思い出を忘れたくない！」と強く思い、飲み終わった後の空のペットボトルを大事に取っていたこともありました。

他にも、家族で行っておいしかったご飯屋さんの箸袋や、もらって嬉しかったお菓子の袋、散歩したときの葉っぱまでついつい持ち帰って、日記に挟んで保存してしまいます。普通の人ならさっさと捨てるのでしょうが、当時の思い出も記憶も一緒に葬ってしまうような気がして、どうしても捨てられないのです。

ただ最近は、「さすがに全部取っておくと大変なことになるんだな」とわかってきたので、場所の取りにくいラベルや袋だけを取っておくのに留めています。

少しは改善されてきたかなとは思いますが、やはり「すべてを捨てる」という境地には、いまだに至ることはできていません。なので、気づくとものの数日でお部屋がとんでもないことになってしまうことは今もよくあります。

日常的に母から出される〝突然の質問〟が私を作った

いちばん一緒に過ごすことが多い母からは、たくさんの影響を受けて育ちました。

特に現在の私の人格形成に大きく影響したと思うのが、母が私たち家族に頻繁に投げかけていた〝突然の問いかけ〟です。

「人はなぜ生きていると思う?」

「どうして花は咲くのかな?」

答えがあるようでなさそうな、そんな哲学的な質問を、母は日常的に何度も問いかけていました。私はもちろん、まだ小さい頃の弟や妹に対してもそうです。

その質問は私たちにとって日常のひとコマで、私も自然に日々そのようなことを考えて過ごしていました。

母が「何でだと思う?」と順番に質問すると、弟と妹は面倒くさがって適当に答えたり、「わかんない」と答えてその場を去ることもあったのですが、私はその質問について、そしてその瞬間に母がその問いかけをした意味までも徹底的に考えるのが好きでした。

そして、一生懸命、自分なりに答えると、母は「そうなんだね」とか「なるほど」とだけ返答し、私が聞かない限りは母が何かしらの答えを言うわけではありません。

昔は「なんでお母さんはこんな質問をするんだろう?」「どういう答えを望んでるのかな」と思うこともありましたが、今にして思えば、考えるプロセスこそが大事で、母は私たちに自分でいろいろと考えるクセをつけてほしかったのかな……と思います。

そして、その「考える力」は、今の私にとっても大きな武器になっています。

昔から家族の相談役だった

チャットレディでナンバーワンを取れたとき、周囲の人から「どうやってナンバーワンになれたの?」とたくさん質問されました。

いろいろと理由を考えたのですが、一つ大きな要因だったのは、私が「人の話を聞くこと」に慣れているからなのかなと思います。

長女だった私は、小さい頃から家族の相談役のような立場でした。特に私の父親は子供らしいところもあって、会社でのトラブルなども、私に相談したり愚痴を言うことも多くありました。

性格がよくとも仕事に対して少し不器用な父は、時折、不当に扱われたり、やりたい仕事を任せてもらえないときも多かったみたいです。

そんな父の会社での話を聞くたびに、「たぶん相手はこう言いたかったんだよ」と私なりにアドバイスをして、父を慰めて共に理解を深めるのが日常でした。

それに加えて、常に家のなかではケンカが勃発していました。特に、外交的な祖母と内向的な母はケンカをすることも多く、私はよく仲裁役として駆り出されていたのです。

余談ですが、最近も祖母と母のケンカに巻き込まれる事件がありました。私は運転免許を取ろうと教習所に通っていて、その最終試験を迎えた日。祖母と母が、私を激励するために免許センターまでついてくることになりました。

しかし、私の出発時間がギリギリになってしまって急がないと間に合わない状況に……私が「なんでもっと早く出なかったんだろう」と自己嫌悪に陥っていたら、そのことを理由に母と祖母が道中に大ゲンカ！　車の中で言い合いが始まって、お互いに「もうどっか行ってよ」と叫び、完全なる修羅場です。

私も「どうやって収めればいいのか」と頭抱えながら、真っ向から対立するそれぞれの話を聞いていたら、結局、試験時間にも間に合わず、免許の最終試験は受けられないことに……。

そんなエキセントリックな家族のなかで育ってきたので、自然と仲裁能力や人の話を聞く能力が育っていったのかなと思います。
もちろん当時はすごく大変でしたが、今となっては笑い話です。

人の気持ちが理解できるからこそ、人と仲良くなれない

家族のなかでは仲裁役を買って出る私ですが、一度にたくさんの人と仲良くするのは、あまり得意ではありません。だから、多くの人がいると固まってしまい、なかなかその輪に入れないことも多いです。

なぜかというと、一番は「自分の存在で相手を傷つけてしまうんじゃないか」という恐怖心があるから。昔から、相手の気持ちが人一倍わかるタイプだから、自分が発した何気ない一言で相手がすごく不快な思いをするのではないかと不安になってしまう……。

実際、精神的に参っている母を相手に話していたときなどに、たった一文字でも不適切な言葉を発したら大変なことになるのは、トラウマになるほど何度も強く体感しています。

また、「この人は私にこうしてほしいんだろうな」と相手の気持ちが手に取るようにわかるからこそ、つい人に合わせてしまう傾向もあります。「相手はこれを望んでいるのに、それをしてあげられなくて申し訳ない……」と思うときも多くあります。

そんな性格なので、たくさんの人と接すると自分にもたくさんの人の思惑が流れ込んできて、私自身の心は疲れてしまいます。もはや人に会うことすら面倒くさくなるので、自然と友達も作りづらい。そんなわけで、私は学生時代からずっと友達がほとんどいませんでした。

中学時代から基本一人で過ごしていて、本を読んだり、絵を描いたり、時々寝たり、周囲に対して「話しかけるなオーラ」全開な生徒でした。

高校では急に高校デビューをしてみたくなって、同級生の女の子たちみんなと「ちゃん付け」なしの名前で呼び合うような仲になり、学級委員にも推薦されて務めていました。

もちろんやる気が出たのは最初だけなので、1年の冬には必要以上に誰とも話さない陰キャに戻りましたが、それはそれで楽しかった青春です。

8回告白して全敗! モテなかった学生時代

男性を相手にするチャットレディというお仕事をしていると、男性経験が豊富なのではと思われがちですが、私の場合は全然そんなことはありません。むしろ、恥ずかしながら、これまでに一度も男性と付き合った経験がありません。

ただ、恋愛に興味がないわけではないのです。

学生時代を振り返ると、これまで5人の男性に合計8回も告白してきました。告白した回数は多いほうかもしれません。でも、結果はすべてお断りでしたが……。ちなみに、男子からはまったくモテなくて、告白されたことはありません。

私はかなりクセの強い性格だったうえに、告白の仕方もまったく可愛らしさがなかったので、今思えば断られて当然だったなと思います。

例えば、廊下で人が大勢周りにいる最中に突然相手の腕を掴んで「好きです！」なんて言ってしまうので、当然、相手はドン引き……。

高校のときには、思い切って生物の先生にラブレターを渡したこともあります。その先生が異動になるとき、何人かの生徒が手紙を書いていたのを見て、私もラブレターを渡したのです。

といっても言葉で愛を伝えたわけではなく、私は当時、花言葉にハマっていたので、赤いアネモネの花の絵を色鉛筆で描いて手紙に添えました。赤いアネモネの花言葉が「愛」だったので、それが私にとっては大告白のようなもの。今思うと、かなりわかりづらかったなぁと思っていますが、私らしい告白の一つでした。

ちなみに手紙には連絡先も書きましたが、自分のケータイはなく実家の電話番号しかなかったので、電話こないかなと毎日のように家の電話の前で妄想していました。結局、先生からは連絡も返事もなかったですが……でも、その頃の私は、そういうロマンチックなものに憧れていいんだと思います。

こんなふうに恋愛に関しては、いまだに全敗の私ですが、当時はなんとなくその恋愛そのものを楽しんでいたのかなと思います。

貧乏で毎日バイトばかりの日々

父はサラリーマンでしたが、転職を繰り返しているせいか、給料はかなり低かったようです。父の年収は、祖母も入れた6人の家族を養うには、全然足りなかったと思います。

母は専業主婦で、祖母はマンションの管理人をやっていましたが、微々たるものです。

都内の比較的地価の高い住宅地にマンションを買っていたので、毎月の住宅ローンの支払いは17万円ほど。まだまだ20年以上は、ローンが続いていくような状態でした。

あまりにも生活が苦しいことから、高校時代から私はずっとアルバイトをするようになりました。周囲の子たちがバイトで稼いだお金をご飯や遊び、洋服などに使っているのを横目で見ながら、バイトで得た収入は丸々すべて家計に入れていました。

ただ幸いなことに、私自身は当時から友達がおらず、欲しいものもあまりなかったので、お金を使う必要性はほとんどありませんでした。私は朝から部活とバイト、学校に通うという日々を過ごしていたので、そもそもそれほどお金はかからない。ある意味、周囲に合わせなくてよい陰キャ生活は、私にとってすごく好都合だったのかもしれません。

アルバイト先のお寿司屋さんでは、週5～6日はシフトを入れ、夜は高校生が働ける22時まで働いていました。土日や夏休みは8時間、9時間のシフトも当たり前。絵に描いたような勤労学生でしたが、お寿司が大好きで、賄いのあら汁と白米もすごく美味しかったので、バイトも楽しかったです。

高校生なのに、スマホもない！

お金がないことと母の教育方針を理由に、18歳で高校を卒業するまで自分の携帯電話を持っていませんでした。

クラスメイトはほとんどがスマホを持っていたので、友達とのコミュニケーションはかなり取りづらかったです。LINE交換もできないし、LINEグループにも参加できない。母親のスマホを通じて、クラスのグループにだけ入っていましたが、頻繁に使うこともできません。

学校の授業で「現在の日本における同世代のケータイ所有率が98%」という数字を見たとき、まさに自分がその残りの2%なんだ……と愕然としました。

母親の教育方針で、ゲームをしたりテレビを見る時間があるなら、本を読んだり絵を描いたり裁縫するなどのアナログな遊びをしたほうがいいということで、私は手を使ってアイデアを形にするような遊びをよくしていたように思います。ゲーム機も持っていなかったので、今だほとんど使ったことがありません。みんながニンテンドーDSで遊んでいるときにも、私は友達に借りてたまに遊ぶくらい。つくづく、同世代のカルチャーとはまったく異なる学生生活でした。

10歳ほど年の離れた妹の面倒もよく見ていました。オムツを替えたり、ミルクをあげたり、私が中高生の頃は妹のお弁当を作ったり、幼稚園にママチャリで送迎したり、姉ができるほとんどのお世話を経験していたような気がします。

可愛い弟や妹の成長を物心ついた状態でちゃんと見ることができたのは、私の人生の幸せの一つです。

夢だった美術教師を目指して美大を受験

アルバイトで忙しい一方で、高校時代は部活にも力を入れていました。美術部、演劇部、軽音楽部という文科系の部活を3つも掛け持ちして、毎日何かしらの部活動に参加していたような気がします。

当時から自己表現が好きだったのだと思います。なかでも、小さい頃から美術は大好きでした。高校時代に出会った素敵な女性の美術の先生の影響で、「できれば将来は美術の先生か美術系の仕事に就きたいな」とひそかに思うようになりました。

でも、家庭の経済的状況もあるし、美術系の学校に進学するなんて無理だろうな……と進学は諦めていたのです。

ところが、高校3年生の冬、学校の先生から「あなたはすごく内申点がいいし、才能があるから諦めるのはもったいない！」と言われ、祖父からの「自分の貯金から入学金を出してあげるよ」という言葉で親も納得し、美術系の大学に進学することを決意します。

あわただしく実技の試験対策をして、美術大学を受験したところ、なんとか合格することができました。

「これで、私も大学で美術の勉強ができるんだ！」と、とても嬉しかったものです。

専攻は、布や織物の色デザイン、機能性や縫製などを学ぶテキスタイル。小さい頃からもの作りが大好きで、小学校の頃はぬいぐるみ作家になりたいという夢も持っていたほど。裁縫も得意だったので、布を扱うことに憧れもありました。

「教職免許も取って、将来は憧れていた美術の先生みたいに学校で教えられたらいいな」と期待しながら入学を果たしました。

初めて告白する美大〇〇の理由

学校の実技授業はすごく楽しくて、『鶴の恩返し』の絵本に描かれるような大きな機織り機を使ってマフラーを織ったり、染め窯で布を染めて浴衣を作ったりする経験は本当に新鮮でした。

しかし、実はこの本で初めて打ち明けるのですが、せっかく入った美大を、私はたった1年間で“中退”しています。

これまでお客さまや周囲の方には「4年制大学を卒業した」と伝えてきました。私が嘘をついていた理由は、「学校を途中で辞めるのはやはり印象がよくないいんじゃないか」「理由を話しても理解されないんじゃないか」と思っていたからです。

今では学校を中退している人もたくさんいるし、学校を辞めていても何も恥ずかしいことはないとわかっています。

ただ、チャットレディを始めた当初は、つい見栄を張りたい心から引っ込みがつかなくなってしまったのかもしれません。

そのため、チャットレディを始めてから現在まで、本当のことはずっと隠し続けていました。嘘をついてしまったお客さまには本当に申し訳ないなと思います。この場を借りて、全身全霊で謝りたいです。

でも、今こうして振り返ると、学校を辞めたこと自体が悪い選択だったとは思いません。自分にとっては必要で重要な選択だったのだと思います。

なぜ、私が憧れていた美大を辞めることになったのか。一つ目の理由は、金銭面です。

美術系の学校は学費が高くて、アルバイト代で捻出するのもなかなか難しい。美大に入る子は比較的金銭的に恵まれた子も多かったため、周囲の子たちとなかなか話も合わない。

アルバイトを重ねて毎日ギリギリのところで生活していたけれども、1年で燃え尽きてしまい、せっかく入学金など出してもらったけれど、これ以上ここにお金を使うのはもったいないかもしれないと思ってしまったのです。

もう一つの大きな理由は私自身の問題で、学校の課題をどうしても締め切りまでに提出できなかったからです。

私は母親譲りの完璧主義で、作品を作っても自分の納得できる100点満点のクオリティにならないと提出できない人でした。そのせいで課題が提出できず、単位を落としてしまうことも多くあり……。

自分の性格を変えられない以上、来年もまた同じように単位を落としてしまうに違いない。そうなれば、卒業できないかもしれないという不安がいつも頭をよぎりました。

そんな理由が重なって、退学届けを出し、私は1年で大学を中退したのです。

退学後、1年間の引きこもり生活へと突入

私が大学を辞めた頃、世の中はちょうどコロナ禍に突入しました。もしそのまま大学に通っていたら、実技が大好きだった私はリモート授業だけでは絶対に満足できなかったと思うので、タイミング的にはちょうどよかったなと思っています。

しかし、大学を辞めたものの、やりたいことがあったわけでもありません。バ

イトもしていなかった退学後の1年間は、ほとんど家の中に引きこもっている状態でした。

ただ、ゴミ屋敷の家にいるのも嫌で、日中の大半は図書館や公園で過ごすようになりました。自転車で、2時間くらい遠出することもよくありました。

当時の暇だったそんな私を、なによりも支えてくれたのが読書です。「どこでそんな知識を覚えてきたの?」と驚かれることが多いほどに、私はいろいろな雑学に詳しいね、と言われることが多いのですが、たぶんそれはほとんど読書のおかげだと思います。

私の祖母は管理人の仕事をしていて知り合いも多く、よくいろんな人から本をもらっては家に持ち帰ってきてくれました。おかげで、家の中にはジャンルもバラバラな本があふれかえっていたのです。そのため、小さな頃から児童書や難しい本まで、何でも気になったものを片っ端から読んでいました。

また実家のトイレには、国語辞典やことわざ辞典など母の好きな辞典が何冊もおいてあり、よく読み耽っていました。

多くの人と話すことは、意外にもその引きこもり期間に得意になったように思います。

一時期、アクセサリーを作ってフリマアプリで販売していたこともありました。その制作のために公園や公民館のベンチに座ってビーズなどを広げていると、近所のおばあちゃんやおじいちゃんたちが「何を作ってるの？」とよく話しかけてくれたものです。

世代も性別も超えた人とお話しする術を改めて身につけたのも、この頃なのかなと思えば非常に感慨深いです。

Chapter 2

ナンバーワン
チャットレディ・
羽川つばさの誕生

コロナ禍をきっかけにチャットレディの世界へ

引きこもりだった私がチャットレディを始めたのは、コロナ禍がきっかけでした。もともと接客業をしていて、人と話すのは好きだったけれど、コロナ禍で人と直接会うお仕事をするのは、やはり少し怖かったのです。

当時、お金はほとんどありませんでした。それまで稼いだバイト代も、全部家に入れていたから貯蓄もない。

家計が大変なので、当然月々のお小遣いなんてなく、どうしても生活に必要なもの以外は「買わなくても何とかなるか」と我慢していました。

節約する毎日でしたが、いつまでも働かずにいるわけにはいきません。

誰とも会わず、一人でこもってすぐ始められるお仕事はないだろうか……とアルバイト情報を探していたら、見つけたのがチャットレディだったのです。

正直、チャットレディというお仕事について、知識はまったくありませんでした。それでも、仕事内容に書かれていた、

「誰とも会わずに一人でマイペースに働ける」

「高額時給保証」

「初心者大歓迎」

といったキャッチフレーズは私にとって魅力的でした。


私は一人で作業するのが得意だし、引きこもり生活も大好き。自分の好きな時間に働けるのはありがたいし、高時給で日払いという条件にも惹かれました。自称コミュ障な私でも、ピッタリの仕事だなと思えたのです。

思い立ったらすぐ行動に移すタイプなので、求人募集が出ていた事務所に早速連絡して、面接の日時を決めました。

面接に行くも駐輪場料金の100円すらない！

2020年12月。面接場所は自転車で、1時間かけて向かいました。
しかし、ここでもハプニングが……。駐輪場に自転車を停めようとしたとき、ハッと気がつきました。駐輪場代の100円がないっ！

財布には10円玉がたった3枚だけ。せっかくここまで来たのに、これじゃ自転車を停められないので、面接が受けられない……。

そう思った私は、焦ってうろうろしていました。でも、交通費支給と求人ページに書いてあった気がしたので、「面接が終わったら100円はもらえるかなぁ」と頭を切り替えて、近くの駐車場に自転車を停めて面接へと向かったのです。

「君にはアダルトはすすめられないね」

そんなハプニングがありつつも、面接場所である建物の一室に到着しました。そこで私を待っていたのは、30代から40代前半くらいの一人の男性でした。

この人がのちに私が所属する事務所の社長である「本郷さん」だったのです。

初対面の人に会うのはいつも緊張するのですが、本郷さんに会ったときは、なぜか緊張感がふっと和らいだのを覚えています。

そして、小さな一室で面接が始まり、私は住宅ローン返済や生活費のためにも高収入の仕事で働きたいということや、これまでにはどんなアルバイトをしてきたのか、などを伝えました。

また、応募はしてみたものの、実はチャットレディというお仕事の内容については、まったく把握していないことも正直に伝えました。

当時の私のチャットレディというお仕事に対する認識は、「男性と話す仕事なんだろうな」というイメージを持っていた程度。まさかアダルト系の要素が関わるとはまったく想像していなかったのです。

あまりにも私が何も知らないのに驚いた本郷さんは、このお仕事について詳しく説明してくれました。

チャットレディには、服を脱いでセクシーなパフォーマンスをしたり、男性からの要求に応えたりする、ネット版の風俗のような「アダルト」というジャンルがある一方、お話をメインとして男性とコミュニケーションをとる「ノンアダルト」というジャンルもある、ということを教えてもらいました。

特にアダルトのほうが始めたてはお金が稼ぎやすいので、当時、チャットレディ志望者はアダルトから始める子のほうが多数派だとも伝えられました。

しかし、私は彼氏ができたこともないし、初体験どころかキスすらしたことがありません。その事実を正直に伝えると、本郷さんは笑いながら「そんなに経験がない子にアダルトは難しいかもね。それなら、君にはノンアダルトをおすすめするよ」と言いました。

正直、ノンアダルトでどれだけ稼げるのか不安はありましたが、やってみようと、そのとき決意を固めたのです。

「君ならナンバーワンになれる」という言葉

本郷さんとは初対面でしたが、面接ではかなり話が盛り上がったのを覚えています。気がつけば、4〜5時間は話し込んでいたと思います。

これまで大人と話したことは何度もあったけれども、本郷さんとの会話では「こんなに自分の話をしたことがあったかな?」と思うくらい、なんでも素直に話せるような気がしました。

盛り上がった話題は、私の生い立ちや、これまでの経験について。

長い間、私の話を聞いているうちに、本郷さんはふとこんなことを言い始めました。

「君、すごく孤独だよね。

しかも、君は賢すぎるからこそ、孤独なんだ」

誰かに理解されない、友達がいないというタイプの孤独ではなく、「賢いからこその孤独」という表現は初めてで、ちょっと戸惑ったのを覚えています。

さらに、本郷さんはこうも続けたのです。

「君は、自己評価が高すぎて孤独なタイプじゃなくて、精神的にほかの人よりも大人っぽいから、どうしても孤立しちゃうんだよね。

でも、ポテンシャルさえ発揮すれば、どんなことでもトップを取れるはず。そして、もし君がチャットレディをやるなら、何万人の中でも1位になれるよ」

チャットレディの面接を受けたときは、もちろん初めから1位になりたいとは思っていませんでした。むしろ1位という概念があるともあまり想像しておらず、このお仕事に就いて、お金が稼げて、日々の時間が埋まればいい。そのくらいの思いしかなかったのです。

それでも、本郷さんの確信に満ちた言葉を聞いたとき、私は強く衝撃を受けました。

「あれ、本当に私1位になれるのかな。
いや、この人がいうなら間違いないんじゃないか」

今にして思えば、これは本郷さんが私にかけた魔法の言葉だったのかもしれません。この一言で私の心は一気に決まり、「チャットレディをやろう。そして、どうせやるならトップも目指してみよう」と決断しました。

「わかりました、私、1位になります！」

そのとき、確信をもってそう言い切ったことを今でも強く覚えています。

チャットレディに登録してから40日後、本当に本郷さんの予言通りに私はナンバーワンを取ることができたわけですが、トップを取れたのは、このときの本郷さんからの言葉のおかげも大きかったなと思っています。

楽しすぎた初めてのチャット

面接で合格をもらった数日後、ノンアダルトのチャットレディとしての日々が始まりました。この業界では、研修は基本的にありません。新人の子も、ほぼぶっつけ本番でお仕事をスタートします。

そのため、面接当日の1時間後から働き始める子もいます。

私は家の門限があったので、面接の日は帰り、後日開始になりました。

心配だったのは、自分がチャットレディとして通用するのか。でも、「とりあえずやってみて、ダメだったらそのとき考えればいいや」と気持ちを切り替えて、初めての配信をスタートさせました。

しかし、実際にチャットを始めたら、配信があまりにも！ものすごく！楽しかったのです！！

「どんな人が逢いに来てくれるんだろう」「何を話せばいいんだろう」と不安はたくさんありました。でも、最初のお客さまが来た瞬間、その緊張がすっと消えたような気がします。

私の好きなアニメや趣味の話など、みなさんがとても気さくに話しかけてくれたおかげで、「チャットでも思ったより普通に会話ができるんだな」と気づいたとき、自然とリラックスできたのだと思います。

そんなチャットレディのお仕事を始めた初日から、私はこのお仕事にやりがいとちょっとだけの自信を持てました。その理由は、「なんとなくお客さまが考えていること、してほしいことがわかった」からです。

私には恋愛経験がほとんどありません。でも、恋愛すること自体には人一倍興味がありました。

告白の仕方や恋愛心理学について本や雑誌、インターネットでかなり調べていたし、友達の恋愛相談にもよく乗っていたので、経験値はないものの、恋愛に対する知識は不思議と豊富に持っていたと思います。

自然とそんな知識を生かして、お客さまが何を私に求めているのか、どんな言葉を言ってほしいのかが、反射的ににわかったのです。

また、私は本に出てくるセリフから次の展開を予測したり、その登場人物が思っていることを考えることも大好きでした。

なので、基本文字でコミュニケーションをとるこのお仕事でも、それは存分に活かすことができるのだなと実感していました。

改めて私にとってチャットレディのお仕事は、今まで発揮できなかった自分のポテンシャルを最大限に活かせる場だと感じました。

高校時代に演劇部に入っていたので、人前に立つことや話すことにはあまり抵抗がなかったのも大きかったかもしれません。

お客さまが話してくれる内容に反応することで、自分も楽しめる。そして、自分との会話に喜んでもらえる。チャットの楽しさを知った私は、最初の日からどんどんのめり込んでいきました。

とにかく楽しすぎて、初日もあっという間に時間が過ぎていました。

私が利用しているFANZAという運営サイトでは、お客さまが1分間視聴すると100円分のポイントが課金されます。1ポイント1円という換算です。

複数の人が視聴してくれていると、それだけポイントは加算されていきます。

最初はポイントについてまったく意識していなかったのですが、初日の終わりにふとその日の売上ポイントを見たら、「えっ、〇〇〇〇ポイントも入ってる。こんなに稼げてるの？」と正直かなり驚きました。

生まれて初めて「かわいい」と言われた

ポイントよりも衝撃的だったのは、私のことを「かわいい」と言ってくれるお客さまが非常に多かったことです。

それまでの私は、人生で自分のことを「かわいい」なんて思ったことがほとんどなかったからです。身近な友達から「今日の服かわいいね」と言われることはあっても、わざわざ「顔がかわいいね」と褒められる経験なんてなかったので、余計に驚きでした。

にもかかわらず、チャットに立つとお客さまが「かわいい」と褒めてくれる。人生で初めてと言っても過言ではないくらい、たくさんの人にたくさんの「かわいい」を言ってもらったことで、「私はいきなり異世界に来てしまったんじゃないか」と、衝撃を受けました。

普段、人と話せないテーマで話ができることも、とても新鮮でした。

例えば、チャットレディとしての「羽川つばさ」という名前は、私が大好きなアニメから着想を得ています。この名前をきっかけに、「もしかしてアニメが好きなの?」と大好きなアニメの話題でお客さまと盛り上がれたのも楽しかったです。

その後も、お客さまたちとはお互いの好きな作品から始まって、どんどん深い話をするようになりました。

なかには最初の配信時から「おっぱいを見せて」「スカートを脱いで」といったアダルトな要求をする人もいた気がしますが、いまだに最初の頃の配信は、楽しい思い出が強く残っています。

その日、私の配信を見てくれていた本郷さんからは、「君には圧倒的なトーク力がある」と褒めてもらいました。

「君は、何を言われても、相手が求めている最善の答えを返すことができる。その強みを持って、がんばってほしい」

そう言われて初めて、自分の特技というものを考えるようになりました。

これまでの人生で、自分に強みがあるなんてことは一度も思ったことはなかった。でも、チャットの仕事を通じて、その強みを見いだすことができた。これは、私の人生において、お金を稼げたこと以上に大きな自信になりました。

最初の配信が終わった日の直後、私の目はランランと輝いていて、とにかく大興奮状態。深夜、家へと帰りながら、「これはすごくいいお仕事を見つけてしまった……！」と心の底から思い、幸せでした。

チャットのおかげで「死にたい」気持ちがなくなった

幼少期、私がひそかに抱き続けていたのは「死にたい」という思いでした。

そう思うようになったのは、おそらく家庭の影響が強いのではないかと思います。母は初めて付き合った男性が父で、結婚も早かったようです。ずっと子どもが欲しかったという母は、父と付き合って、他の誰とも恋愛をすることなくそのまま結婚に至りました。

しかし、母にとって、結婚生活は思っていたものと少し違ったのでしょう。小学校の頃の母親は、「結婚しなきゃよかった」「なんで結婚したんだろう」「死にたい」と、よく口にしていました。
それは冗談半分だったんじゃないかなと思いますが、当時の私にはその言葉は非常に重いものでした。

母は私と弟、妹の3人兄弟をとてもかわいがって育ててくれたのは間違いありません。母は今でも「あなたたちが産まれてくれたことが、私の一番の幸せ」と言ってくれますし、本心からそう思ってくれていると思います。

でも、母の言葉を聞いて、「お母さんが結婚したのは、私が生まれたから。もし、私がいなかったら、お母さんは離婚して自分の自由な人生を歩んでいたかもしれないんだ」「自分の存在そのものが間違いだったんじゃないか」と一人で悩むときも多くありました。

今思い返せば、私は勝手に悩んでいただけだったのでしょう。だけど、そう考えて以来、私は「自分が生まれて申し訳ない」という気持ちがよぎるようになったのです。

高校時代になると、自分の存在意義について、真剣に考えるようになりました。いつまでたっても自分には何の強みもずば抜けた特技もないし、どうして辛いこの世に生きていないといけないのかわからない……。

あまりに悩みすぎていたからか、高校時代の知り合いと話すと、
「あのとき、つばさはめちゃくちゃ病んでたよね！」
とよく言われます。

でも、そんな自己肯定感が低かった私だからこそ、チャットレディを始めたことで初めて多くの人に認められた。それは、本当に幸せなことでした。

さらに、母の問いを真面目に考えたこと、父の悩み相談を聞いてきたこと、家族の仲裁役をしてきたこと、人の気持ちに敏感なこと、いろんな習い事をしてき

たこと、大学を途中でやめたこと、本を読んできたことなど、これまで私が積み重ねてきた経験が、全部ここにつながっているんだなと改めて感じることができたのです。

すべてはこのためだったんだ……と、人生のすべてがこの仕事で報われた気がしました。

私にとってチャットレディの仕事は、まさに人生の第2幕みたいなもの。これから、この仕事のためにがんばろう。そう決めたのです。

気づけばトップランカーになっていた

チャットレディとして仕事を始めてから、私がFANZAというサイトのノンアダルトジャンルの月間ランキングでトップを取るまで、その間はほんの1か月程度でした。

実は自分のなかでは、その当時のことは、あまり記憶がありません。

たしかに本郷さんから「君なら1位になれる」とは言われたものの、正直、私自身は「ナンバーワンを取るためには！」などと最初から具体的に考えていたわけではありません。むしろ、「とりあえず時間をいっぱい使って、楽しんで、できるだけ仲良しさんを増やそう」くらいの軽い気持ちでした。

だから、特別に何かをしていたわけではなかったので、「どうやって1位を取ったのか？」と聞かれても正直言語化するのが難しく、「やるだけやっていたら、気づいたら1位になっていた」という感覚が一番近いです。

ただ、一度1位を取ると、「どうして1位になれたのか？」「これからどう続けていこうか？」といろいろと考えることも増えました。この頃から、自分のなかでもチャットに向き合う意識が変わってきた気がします。

お客さまは1分100円というお金をかけてまで、私と話すために私の配信に遊びに来てくれる。そう考えると、相手の時間やお金に対して、こちらも真剣に応えたいという気持ちが自然と湧いてきたのです。「目の前のお客さまのために、もうちょっとがんばろう」と思えるのです。

例えば、割と多くのチャットレディの子たちは、配信の終了時間がきたらキッチリと配信を終わらせます。でも私は、お客さまがいる限り、少しでも長く続けたい。相手が私との時間に価値を見出してくれているなら、その期待に全力で応えたいと思っています。

実際、逢いに来てくれる方がいる場合は、配信終了時間が過ぎてもそのまま続けて、気づいたら朝になっていることはよくあります。私が眠くなってきて、仲良しさんが「配信を繋げたまま寝ていいよ」と言ってくれるときも、常により良い画面を見せるために、構図などをある程度準備してから少しだけ横になるようにしています。

時には、「ブス」「早くおっぱいを見せろ」などと、圧迫的なことをおっしゃる方もいます。でも、そのような暴言ではまったく嫌な気持ちにはなりません。悪口を言うその方も、わざわざ時間を使って、私の配信を見に来てくれているからと思うと、むしろ感謝の気持ちが湧いてきます。

月間トップを当たり前に取れるようになってからは、ますますお客さまへの感謝の気持ちも強まっていきました。日々、「逢いに来てくれるみんなのためにがんばろう」という気持ちを持てることが、私が今でもチャットレディという仕事を続けている大きなモチベーションになっています。

制作秘話

私は今まで何事においても
『完璧』を求めて生きてきました。

病的といえるほど自分の中で完璧じゃないと気が済まず、
そんな性格から色々なことを途中でやめてしまう癖があります。
度々活動を停止してしまう様子がまるで冬眠のようだと
事務所内で呼ばれている私のあだ名は「くま」です。

この本の制作期間である約1年の間も、ひたすらその癖との戦いでした。

例えば、文中で何度も使用している「お客さま」という言葉の選択ひとつで
「お客さん」「お客様」「お客さま」「仲良しさん」「来てくれる方」……
側から見たらどれでも構わないようなことを三日三晩考えて過ごしたりしました。

また、活字が得意ではない方にも楽しく読んでいただきたいという思いから
4コマ漫画を制作し始めたのですが、どうしても内容など納得がいかず
何ヶ月もの時間が過ぎ、今回は悔しくも採用をしない判断をしました

結局、少しでも良い本を届けたいという強い想いと私の完璧主義によって
未完成のままお蔵入りになってしまったものも多くあります。
（その内、一部はまた別ページにてご紹介します！）

完成だと思えなくとも、世に出す勇気を持つこと。
『完璧』じゃなくとも自信を持って表現すること。

何より、歩みを止めないこと。

これこそが「羽川つばさ第2章」最大の課題だと思っています。

Chapter 3

チャットレディ業界のお金と仕組み

チャットレディの市場規模は推定500億円？

チャットレディ業界は、その存在があまり知られていない一方で、実は意外と大きな市場になっています。本章では、そんなチャットレディ業界と、ビジネスの仕組みについて紹介していきたいと思います。

まず、チャットレディ業界の市場規模は、2017年時点で200億円と経済紙で報じられました。その後、コロナ禍の影響でさらに大きくなり、現在では、大手数社の売上合計で推定500億円前後とも言われています。

興味深いのは、コロナ禍でお客さまの数が急増したという点です。

私たちチャットレディは、お客さまが何人ログインしているのかをリアルタイムで確認できるのですが、コロナ前は週末でも3000人程度だったログイン数が、コロナ禍のピーク時には6000人近くまで増えました。

お客さまが倍増したのに伴い、女性のチャットレディも増え、業界全体が活況になったのです。

コロナが落ち着いてからは、そのログイン人数も以前の人数に戻りつつありますが、男性のお客さまも女性のチャットレディ志望者も依然として増加傾向にあるようです。

サイトに登録があるアカウント総数は110万人ほどで、毎月約1万人のチャットレディが新規登録しています。ただ、1人で複数のプラットフォームに登録することが多いため、実際のユニークユーザーはその3分の1、月に約3000人程度ではないかと言われています。

そうなると、年間4万人程度の女性がチャットレディとして新たにこの業界に入ってきている計算になります。

500億円規模の市場を、それだけの女性たちで回していると考えると、非常に期待が持てる話だなと思ってしまいます。

ぶっちゃけ、チャットレディはいくら稼げるの？

チャットレディ業界のシステムとしては、FANZAのような運営配信サイトとチャットレディの女の子たちが所属する事務所が提携する形で成り立っています。

原則的に女の子は事務所に所属し、お客さまが課金したポイントはサイト運営会社を通じて事務所に支払われ、事務所から女の子たちへ給与という形で渡されます。

チャットレディの給与形態は、完全に日払い制です。時給という概念はなくて、どれだけ稼げるかは自分次第の出来高制です。

チャットレディというと、若くて美人で話し上手な女の子のほうが稼げるのでは……と思うかもしれませんが、実は年齢や話術はあまり関係ありません。トークが苦手でも、40～50代でもトップランカーになる方もいます。

一番多いパターンは、夜8時、9時くらいから2～3時間だけチャットに参加して、1日6000円ほど稼ぐというもの。

週に2～3回入る人が多くて、1週間で2万～3万円、月にすると5万円から10万円程度の副収入を得る人が多いです。

昼間は普通の会社員として働く女性が、副業として毎月5万～10万円を稼いでいるパターンも珍しくありません。

FANZAという配信サイトの場合、一人のお客さまに視聴してもらうと、1分あたり100円の費用が発生します。その100円が、配信サイトと事務所、チャットをしている女の子に分割されて支払われるという仕組みです。

割合としては、だいたい配信サイト50％、女の子の所属事務所20％、女の子30

%ほどが一般的ですが、配信サイトや事務所によって変動があります。

例えば、お客さま1名が1時間視聴してくれたら、女の子には6000ポイント（6000円相当）として表示され、そのうち3000円はサイト運営側、1200円が事務所の取り分となり、1800円が実際の手取りになります。

仮に1時間に2人のお客さまが視聴してくれたならば、女の子の手取りは1時間あたり3600円ほど。人気のあるチャットレディだと、このように一度の配信に複数の客が同時に入ることもあるので、時給は3000円以上になり、一晩で数十万円を稼ぐことも可能です。

常に来てくれる方がいて課金してくれているとは限りませんが、平均して2000～3000円ほど稼げるケースが多いようです。

人気のチャットレディになれば、20万～30万円の収益を8時間ほどで売り上げることもあります。しかも、配信自体は自分のペースでできるので、キャバクラなどよりも始めやすいと感じる人も多いのではないでしょうか。

「アダルトチャット」と「ノンアダルトチャット」の違い

チャットレディが働く媒体には、多く分けて「アダルトチャット」と「ノンアダルトチャット」の2つがあります。

先にも触れましたが、アダルトチャットは女の子がセクシーな衣装を着たり、露出したり、お客さまからのアダルトな要望に応えたりするサービスがあります。一方のノンアダルトは、そうしたサービスは控え気味に、お話がメインになることが多いです。

当然、お客さまの多くは男性で、女の子の裸やアダルトなパフォーマンスを見たい人のほうが多いです。リピーターが多いというよりは、その場限りの一期一会の関係が多い分、短時間であっても新しいお客さまが次々と入ってくれるため、効率よく稼ぐことができます。

アダルトチャットの方が圧倒的に稼ぎやすいのは間違いありません。スキルや経験がそこまで必要なくても、ある程度、アダルトな対応ができると割り切れば、短時間で稼げる環境が整っています。

一方のノンアダルトでは、長時間の配信を行い、常連さんとの関係を築くことが比較的求められます。

常連ができれば、会話を楽しみながら安定して稼ぐことができますが、短時間で働く兼業の人の場合は、すぐには常連さんができづらい難しさもあります。こういったところが、ノンアダルトは稼ぎづらいと言われる所以なのかもしれません。

しかしノンアダルトでも、コミュニケーションスキルの向上や配信の工夫で十分な収入を得ることは可能です。

また、そのほかにアダルトとノンアダルトの中間に位置する「ミックス」というジャンルもあります。

これは、女の子がそのときの気分でどちらかを選べるスタイルで、実は年齢層が少し上、いわゆる“マダム枠”のチャットレディが登録するジャンルです。チャットレディは26歳以上になると、このミックスに登録することができるようになるのですが、「ミックス」の場合は、アダルトな内容も許容されやすい空気感になっています。

増えつつあるノンアダルトジャンル

私がチャットレディ業界に足を踏み入れたのは、ちょうどコロナ禍が始まった頃でした。当時はキャバクラやクラブなどのリアル店舗が営業を停止していたため、夜職経験のある子たちがこぞってこの業界に流れ込んできました。

容姿端麗な女性が面接に来ることが増え、業界全体の雰囲気が一気に華やかになったのを覚えています。

しかし、コロナ禍が落ち着いてからは、そのような女性たちも元の職場に戻っていったのか、急に姿を消してしまったように感じます。

また、今ではノンアダルトとアダルトがしっかりと区別されていますが、コロナ禍の直前のチャットレディ業界では「ノンアダルトと言いながら、結局みんな脱いでいるじゃないか」というような状況が続いていたようです。

当初の私のように「脱ぎません。おしゃべりで勝負します」と宣言するチャットレディはほとんどいなかったようです。

ただ、そんな私がトップランカーを取れたことが大きな転機となり、「脱がないノンアダルトでも稼げるかも」と思った女の子が増え、本格的に参入する子も増えているように思います。

基本的な料金システムについて

ここからは、チャットのシステムについて解説します。プラットフォームによって多少料金が異なりますが、私が利用している最大手のFANZAの例でご紹介しますね。

まずは女の子が待っている「待機」という状態があります。「待機」状態の女の子は無料でのぞき見ることができるので、気になる女の子がいたら、気軽に入って、女の子の様子を見てください。

これを「待機のぞき」と言ったりします。この待機のぞきは無料ですが、1分間だけで、女の子の声も聞けないですし、こちらから話しかけたりもできません。

女の子と話したいというときは、1ポイント1円相当のポイントを購入する必要があります。女の子とチャットをすると、このポイントが消費されています。

チャットの種類

パーティチャット

女の子と複数のユーザーとで
チャットが楽しめます。

女の子にはあなたや
他のユーザーの映像は見えません

パーティのぞき

パーティチャットを
のぞくことができます。

女の子はもちろん、パーティ参加のユーザーには
誰がのぞきに参加しているか、一切わかりません

2ショットチャット

女の子2人きりでチャットが
楽しめます。

女の子にはあなたの映像は見えません

双方向チャット

お互いの顔をみながら
チャットを楽しめます。

あなたと女の子、お互いの映像が見えます

チャットには、①パーティチャット、②パーティのぞき、③2ショットチャット、④双方向チャットという4種類があります。

「パーティチャット」は、女の子と複数のユーザーとでチャットが楽しめます。必要なポイントは、1分100ポイント、つまり1分100円です。

女の子と複数のユーザーが楽しんでいるパーティチャットをのぞき見ることができるのが「パーティのぞき」です。自分がのぞいていることは、女の子はもちろん、パーティ参加のユーザーにも一切わからないので、どんな会話をしているのか、どんな雰囲気なのかを知るのに向いています。

「パーティのぞき」に必要なポイントも1分100ポイントです。

パーティは複数人で話すシステムですが、女の子と二人きりで話したいときは「2ショットチャット」を使います。気になった女の子、好みの女の子を独占できる時間です。文字だけでなく、お客さま側も音声チャットができるようになります。ただし、女の子にはあなたの映像は見えません。

「2ショットチャット」必要なポイントは、ノンアダルトだと1分150ポイント、アダルトだと1分250ポイントになります。

さらに二人きりの空間になれるのが「双方向チャット」です。2ショットチャット中のみ、お客さま側にカメラとマイクの環境があれば、双方向通信でお互いの顔を見ながらチャットすることができます。

双方向チャットは、2ショットチャットのポイント（1分150ポイント）に加えて、1分150ポイントがかかります。

みんなで楽しむことも、気になる女の子を一人で独占しちゃうのも、いろんな形でライブチャットを楽しむことができるシステムになっています。

チャットレディからすると、ポイントが高い2ショットチャットや双方向チャットが稼げそうに思えますが、それだけ熱心なファンを作るのは簡単ではありま

使用ポイント一覧

	待機のぞき	パーティのぞき	パーティチャット	2ショットチャット	双方向チャット
ノンアダルト				150ポイント	150ポイント
アダルト	無料	100ポイント	100ポイント	250ポイント	400ポイント
人妻				150ポイント	150ポイント

※1分あたりに必要なポイント

せん。また、お客さまが支払うポイントも多いので、何度も来てくれるとはかぎらないですよね。

それより、複数のお客さまが長時間入ってくれればパーティチャットでも、稼げることもあります。どのようなスタイルで稼ぐかは、チャットレディ次第というところですね！

メールのように送れる「メッセージ」

チャットに書き込む以外にも、女の子とやりとりできる方法があります。

一つは、「メッセージ」です。女の子がオンライン・オフラインのときに送れる、いわゆるメールのようなものです。件名と本文を入力することができて、1通あたり50ポイント（50円）が必要です。女の子からの返信を受け取るのは無料です。

チャットレディは普通1か月で数千通、数万通のメールを送って当たり前だと言われています。キャバクラ嬢の営業メールに近いかもしれません。

余談ですが、私の場合はちょっと特殊で、1年間で20通くらいしかお客さまにメッセージを出しません。ツーショットの待ち合わせなど重要な連絡くらいしか使えていません。来てくださったお客さまに送るお礼メッセージも大事なお仕事なのですが、恥ずかしながら完璧主義がここでも悪く出てしまって……。メール1通返信するのに何時間も推敲をしてしまうことが多く、多方に問題が出てしまうので、本当に重要な連絡をするためのツールとして割り切るようにしています。

このメッセージ機能、女の子からはお客さまに一斉送信もできるので、配信予定の告知に使うなど、上手に活用したいものです。

チャットレディと直接やりとりできる「秘密メッセージ」

続いてご紹介するのが「秘密メッセージ」というサービスです。
これは匿名でやり取りできるメッセージサービスのことで、1通ごとに200ポイント(200円相当)かかります。

このサービスを使うと、配信中でもお客さまから女の子にメッセージを送ることができるので、リクエストしたり、個人的なメッセージを送ったりするのに活用されています。

この業界には、常に1~2人しかお客さまがいないのに、ランキングの上位にいるチャットレディも存在します。これは、1人の仲良しさんから「秘密のメッセージ」を多くもらっているからです。

1人の熱心な仲良しさんから、たくさんのメッセージをもらうことで売上をたてる子もいれば、多くのファンを持つタイプのチャットレディは、会話を盛り上げて大勢のお客さまから同時に秘密のメッセージを受け取るケースもあります。

こうしたさまざまな収益ポイントで、私たちチャットレディの売上は作られていきます。それぞれのスタイルや売り出し方に応じて、その配信スタイルも大きく変わっていくのです。

このほかにも、「プレゼント」や「チップ」を女の子に贈ることができます。いわゆる「投げ銭」のようなもので、お菓子（100ポイント）、ケーキ（300ポイント）、ぬいぐるみ（500ポイント）、花束（1000ポイント）、指輪（5000ポイント）、ダイヤ（1万ポイント）で、チップは10〜9990ポイントまで自由に選べます。

実物が女の子に届くわけではないですが、女の子を応援したいと思ったら、「プレゼント」や「チップ」を送ってアピールしてみてくださいね。

2ショットチャットの落とし穴

双方向チャットを利用すると、お客さまは1分間で300円支払うことになります。単価が高いので、仮にお客さまが1時間のツーショットチャットをしてくれた場合は、300ポイント×60分＝1万8000円の売上になります。

この場合、女の子の取り分が30％だとすると、1時間で5400円稼ぐことができるので、一気に収入が跳ね上がります。

稼ぎたいチャットレディにとって2ショットチャットや双方向チャットはありがたいサービスではありますが、実は2ショットチャットは落とし穴にもなりがちです。2ショットは1対1の環境なので、ほかのお客さまが入ってくるチャンスがなく、常連を増やすのが難しくなるからです。

特に注意したいのが、新人期間中です。始めたばかりの頃は、より多くの人に自分を知ってもらう必要があるし、「新人」として目立ちやすいチャンスなのに、その間に2ショットに閉じこもってしまうと、常連になってくれるお客さまをつかめず、孤立してしまいがちです。

チャットレディとして長く活躍するためには、多くの人に知ってもらうことが欠かせません。2ショットばかりしていると、多くの人と触れ合うチャンスを逃してしまうので、焦って高単価を狙うより、まずは自分を知ってもらう機会を大事にするべきなのかなと私自身は思っています。

もちろん、この仕事は、やり方や考え方次第で稼ぎ方が大きく変わります。割り切って効率を重視するのか、時間をかけてファンを増やしていくのか、どちらの道を選ぶかは自分次第です。

最近増えているインフルエンサーの参入

最近の兆候として見られるのが、SNSで人気を得ているインフルエンサーの方が参入してくるケースです。SNSで数万人のフォロワーを持つ女性が、突然チャットレディとして入ってくると、1〜2時間くらいでランカーの月給分を稼いでしまうこともあります。

あるインフルエンサーの方は、月にたった12時間くらいの稼働で、なんと月額300万円くらい稼いでいました。時給にしたら20万〜30万円！
たいていは単発の企画として参入するので、短時間で荒稼ぎをして去っていくことになります。

また、最近の流行の手法としては、フォロワーが100人程度の素人の子でも、TikTokの無料ライブをまずやって、「これ以上色っぽいものが見たければ、FANZAのチャットに来てね」と誘導する。そうなると、何十人に1人は課金してサイトについてきてくれるようです。

つまり、私たちのようなチャットレディとは、ビジネススタイルがそもそも大きく違います。

自分は1日かけて働くところを、相手は1時間で稼いでいる……。それを見ていると、「なんだか自分がちゃんとがんばってるのに……」と違和感を抱いてしまうのは仕方がないと思います。

現在、アダルトジャンルのトップは常にインフルエンサーが占めています。

私がチャットを始めた頃は、チャット1本でやっている実力派ランカーがいたのですが最近ではSNS系ランカーが目立つようになっています。

同じような現象は今、ほかの業界でも起きています。例えば元芸能人が1日ホストや1日キャバ嬢をやって、一晩で1億円売り上げたなんてニュースを見ますよね。

有名な人がすべてを持っていく現象を見てしまうと、真面目にホストやキャバクラでがんばっているのが虚しく感じる人もいるかもしれません。最近では入口が逆になっていて、「このお仕事をやるためにインフルエンサーになりたい」と思う人が増えてきているようです。

とはいえ、実際はインフルエンサー自体になることがとてもハードルの高いことで、それを誤解して「目立てばいい」と思って努力をすることを忘れてしまう人も少なくないようです。

チャットレディとしての本質を見失わず、地道に基本を押さえた仕事を続ければ、チャットレディとして安定して稼ぐことができるとも言えるので

秘蔵イラスト集
いちばん初めのラフ
最終採用した振り向きの構図
最初は配信と同じ画角で描き進めていました
ボツにしてしまったイラスト
作品としてはやっぱり一番にこだわりたいと思っていた表紙イラスト。
ある程度時間がかかると覚悟しつつも
1ヶ月ほど描き込んだ絵すら
妙な違和感を覚えてボツにして…
また完全に1から新しく描きなおしました。
ホンット！こういうトコだぞ！笑
君は絶対
一番になる
漫画は同じ事務所で出逢った
とびきり絵のうまい「シノンさん」に
手伝ってもらいながら進めていました！
今後いつかちゃんと世に出せたらいいなぁ
部活は3つをかけもち

Chapter 4

100人中99人が続かない チャットレディ業界の実態

チャットレディにはどんな子が多いの？

私たち「チャットレディ」のお仕事を、みなさんはどんなふうに思っているでしょうか。

「ラクにたくさん稼げるお仕事」だと思っている方もいるかもしれません。

たしかに稼ぎ自体は悪くないのですが、実は１００人女の子がいたら99人が続かないのが、このお仕事です。

チャットレディになろうと面接を受けに来る女の子のほとんどは、みなさんのように「一人でできて、比較的ラクに稼げる」というイメージを持って気軽にやってきます。

そして、言葉を選ばずに言えば、チャットレディのなかには、社会に適合しづらい人が少なくありません（当然、私も含めてですが）。

例えば、会社員だと遅刻や突然の無断欠勤は許されないのに、この仕事では案外受け入れられてしまうところがあります。朝起きられない、時間に縛られるのが苦手、協調性がない……そんな理由で一般社会では適合しづらい人たちが、このお仕事で成功することも少なくありません。

もちろん配信を休めば常連の仲良しさんが離れてしまうことも多くありますが、そんな女の子たちでも、己のスタイル次第で働けるのがチャットレディというお仕事の特徴です。

どこにいってもうまくやれなかった子たちでも、がんばり次第では高い成果を出すことができる。それが、女の子たちにとっては、この業界が魅力的に映る部分でもあるのです。

また、副業としてチャットレディをしている女性も少なくありません。昼間は正社員として働いて、月に5～10万円の副収入を求めてこの仕事を始める人が全体の8割ほどいます。

この章では、そんな知られざる私たちチャットレディの“裏側”の一部をみなさんにお話できればと思います。

チャットレディの年齢層や属性

チャットレディの面接に来る方の年齢は、本当に幅広いです。18歳から40歳くらいまで、時に50歳くらいの人もいます。

20〜25歳くらいの方は、「お金がたくさん欲しいから」という志望動機で来る人が多いのですが、25歳を超えた方になると「借金があって早く返済したい」といった理由が少なくない印象です。

また、前述の通り、多いのが昼間に働いている方です。手取り10万円台の人が、何かのきっかけで多額な借金をして、返済ができなくなった方がチャットレディの面接にやってくるそうです。

ほかにも、奨学金で大学や専門学校に行っている学生もたくさんいます。何らかの経済的に困った境遇に陥っている人は、決して少数派ではありません。

面接に来る「ヤバい」女の子たち

面接に来る女の子の中には、一般企業ならば間違いなく「ヤバい」と言われてしまうような子が少なくありません。

そのときの感情や気分で行動する子が多く、「配信する」と言っていた日に仕事をキャンセルしたり、悪態ばかりをついていなくなってしまったり……残念ながらそういった子が大半です。

ほかに多い傾向としては、計画性にも乏しいということ。チャットレディの事務所は、数がたくさんあるので、並行して応募する女性が多く、途中から連絡がとれなくなる人もいます。

「明日お金が必要で……」「借金で水道も止まっている」。そんな緊急事態な女の子が来る。私の見てきた光景では、出勤時間に来ないのは当たり前。シフトを守っただけで「すごい！」と褒められるような女の子も多いです。

誤解を招くかもしれませんが、正直、「何をやってもうまくいかない子」が多く、逆に言えば何やってもうまくいかなかった子が始めやすい職業でもあるんです。ある意味、チャットレディ業界は、そうした女の子たちの駆け込み寺、緊急セーフティネットみたいなものなのかもしれません。

事実、先日、とある事務所の面接にやってきた人は、悪びれもせずこう言ったそうです。

「会社で１００万円横領しちゃって、それを３日後までに返さないとクビはもちろん訴えるぞと言われて、とても困っている。稼げると思うので、最初にお金を

「100万円貸してほしい」

横領は許されませんが、前借りしたがる女の子は決して少なくありません。ちなみにこの子の場合、面接官が「貸すことはできない」というと、「じゃあ私はどうすればいいのよー!!!」と逆ギレして帰って行ったそうです。

かつて私自身も「ヤバい女の子」の一人だった

実は私も、かつては「ヤバい女の子」の一人でした。

面接時は「利発で育ちの良さそうな子」に見えていたそうですが、いざ蓋を開けてみたら、よく物は失くすし、自分の納得いかないことはやらないので、ずいぶん手を焼いたと、後日、社長の本郷さんには言われました。

私のエピソードとしてよく例に挙げられるのが、財布を置いて失踪したこと。

財布にはけっこうお金も入っていたし、身分証なども全部入っていました。にもかかわらず、財布を置きっぱなしにして誰にも何も伝えずふらりと遠くへと出かけてしまい、1か月帰ってこない。事務所のスタッフにはずいぶん心配をかけたものです。

今では少しは"普通"になったのかなと思いますが、やはり私自身にも「ヤバい」一面があったことは間違いありません。

チャットレディは「フィクション」も多い？

チャットレディたちはプロフィールに年齢を記載していますが、この数字が実際の年齢とは異なるケースは非常に多いです。

若い女性がわざと年齢を上に盛って「美魔女」を演出することもあれば、年齢不詳にするために「99歳」なんて書く人もいます。設定が自由だからこそ、年齢を通じて、自分のキャラクターをどう見せるかが重要です。

誕生日や星座なんかも、リアルとは少しずらして設定する人も多いです。これは、自分の身バレを防ぐための対策でもあります。

チャットレディという仕事は、リアルとフィクションが入り混じった世界。自分をどう魅力的に見せるかが重要だからこそ、時に設定にフィクションが入り込むこともあります。

「嘘はよくない」と思われるかもしれませんが、それによって個性に結び付くこともある。「嘘をつく」のは、私たちチャットレディにとっては、セルフプロデュースの一環ともいえるのです。

多くの事務所では悪口はすべてメモされている

さて、難ありな女の子たちが多いがゆえに、多くのチャットレディの事務所では、女の子に対する管理がかなり厳しいのが実情です。

まず多くの事務所では、女の子同士で二人きりで話すことや連絡先を交換することが禁じられていますし、一緒に出かけるのも禁止です。

なぜなら、女の子同士で集まると“悪口大会”となり、それが発展して矛先がお客さまだけではなく、スタッフさんや事務所そのものに向かう……なんてことが起こりやすいからではないかと予想しています。

ただ、スタッフさんがいるところであれば女の子二人で話すことは認められています。ですが、そんな場合でも、スタッフさんはその女の子たちが話している内容を全部メモして記録しているケースも少なくありませんし、プライベートに干渉してくることも多いです。

それは、女の子に長く働いてもらうために必要なこととして行われていますし、本当に困ったときに、すぐに手を差し伸べてもらえる環境であるとも言えますが、やはり少し窮屈なんじゃないかなとも思います。

一方、まったくこういった管理をしない事務所もあります。

ある大手の事務所では、「君はこういうタイプだから、売れたいならこういう衣装を着て、こういうことをして、こういうことを喋ってね」とさらりとアドバイスするだけで、プライベートは干渉せずに自由主義なのだとか。

女の子としても働きやすいのでしょうか、業界でも一番応募が多い事務所だと言われています。

簡単なノウハウは教えてもらえるけれど、あとは女の子にお任せ。辞めたいのであればすぐに辞められる状況なので、なかなか女の子がいつかないという話を聞いています。

どちらが自分にとっていい事務所か、それは考え方にもよりますが、トップランカーの女の子やスキルのある女の子、パフォーマンスがいい女の子はたいてい管理の厳しい事務所で続いている子が多いように思います。

放任主義の事務所は、女の子が新人期間のうちに多少お金を手にすることはできるものの、まったく努力をしなくなり、お金の使い方だけが荒くなった頃、最初の新人期間が終わってしまい、収入が伴わなくなってしまう。

そして、結局はメンタルを病んだりして働くことができなくなる……という道を歩んでしまう女の子が非常に多かったそうです。

女の子にとって一番大切なのは事務所選び

チャットレディとして活躍できるかどうか。それは、事務所選びが一番のカギだと、私は思っています。

例えば私が所属している事務所は、放任もされないし、厳しすぎる管理もされないし、女の子の自主性をすごく重視してくれます。正直、この事務所でなければ、この社長でなければ、私はおそらくトップランカーとしてチャットレディを続けられなかっただろうと確信しています。

仮に別の事務所に入っていても、月間1位までは取ることはできたかもしれませんが、おそらくその後は続かなかったでしょう。

一度トップランカーになったことで満足してしまい、燃え尽きて終わっていた可能性は十分にあると思っています。

事務所の方針について、社長の本郷さんが「この事務所はお金を稼ぐところではなく、女の子の更生施設だ」と言っているのを聞いたことがあります。本人が成長して、チャットレディだけではなく、ほかの仕事に就いたとしても、きちんとやっていけるだけのスキルを持たせることに主眼に置いているそうです。

まだまだ私はこの仕事以外に高い評価を得られる仕事が思い浮かびませんが、いつか私もチャットレディを卒業したあとに、その言葉の本当の意味を知るのかもしれません。

「知り合いだよ」という嫌がらせ

女の子同士のいじめのようなことも、時には起こりえます。

ほかの事務所の話になりますが、その事務所内でナンバーワンだった女の子が、新人いじめをしていることが発覚し、大問題になったことがあります。

彼女は、かわいい新人が入ってきたら、お客さまのふりをしてその子に近づいて、「ブス」「向いてない」といった悪口を言ってやめさせてしまうことで評判だったそうです。

ただ、もともとその事務所では、売れっ子同士が「今日は誰をやめさせる？」と毎日“会議”をしていたそうで、新しい女の子が育たないという悪循環を生んでいました。これはほかの事務所でもよくあることのようで、その店のナンバーワンが権力を振りかざすことは“あるある”の一つだと聞いています。

また、チャット中のいじめとして多いのが、お客さまが「同じ中学（高校）だよ」と語りかけてくるものです。

チャットレディの多くは、自分の身元がバレる「身バレ」を怖がっています。特に、アダルトをやっている女の子は、なおさらでしょう。

人気が出始めてきた子が、その発言によって「自分の身元がバラされるんじゃないか」と怖くなってしまい、チャットを引退するという話はよく聞いていました。

これは私の憶測でしかありませんが、これをやっているのは、実は女の子のケースも多いと思います。同じ事務所で目立ってきた女の子に仕掛けることもあるでしょうし、違う事務所でもランキングが上昇している勢いのある子に対して、上にいるランカーが足を引っ張るために行っている可能性もあります。

私も「同じ学校だったよ」という嫌がらせをされたこともありました。そのときは、「これが噂の嫌がらせか、ついに来たー！」と思いました。

私はその人から情報を引き出そうと思って、秘密のメッセージを通じて「よく私のこと覚えてましたね！」「私、中学1年のとき1組でしたよ！」「担任の鈴木先生のこと覚えてる？　あの先生、結婚したよね？」など、あえてこちらからいろいろと質問していたら「俺も同じだったよ」などと返事が届きました。

実は私が伝えたのは嘘の情報ばかり。中学1年生のときのクラスは1組ではないですし、鈴木先生という先生にも教わったこともありません。

それにもかかわらず、すべての嘘に話を合わせてくる相手のことが面白くなってしまい、架空の学校生活の話で盛り上がったことはありました。

「次になんて言うかな」と返答が面白くて続けていたら、気づけばチャットからいなくなっていました。きっと、ちっとも怖がらないから、手応えがないと思われたんでしょうね。

秘密のメッセージは1通200円かかるのですが、その人は15通くらいやり取りしてくれたので、ある意味「ラッキーだなぁ」と思いました。

私のようにチャットレディをやっていることがバレてもいいという気持ちでやっている人はともかくとして、身バレを恐れながらも日々がんばっている子に対しては、本当に悪質ないじわるだとひどく腹が立ちます。

狡猾な営業をする女の子もいる

基本的にチャットレディは仕事である以上、お客さまとの間には金銭が介在します。私もたくさんのお客さまからお金をいただいている立場だと自覚しているので、お金をいただいた分は、その人に楽しい時間を過ごしてもらおうと日々努力しています。

でも、なかには、少し狡猾な営業をする女の子たちも少なくありません。

意外に思われるかもしれませんが、私には集中して月に何十万円、何百万円と使ってくださるような「太客」と呼べるような仲良しさんは全体的に見ると少ないと思います。

なぜかというと、大金を使ってまで一緒にいたいと思っていただくのは本当にありがたいのですが、それはいつまでも続くわけではないとも考えているからです。

私の仲良しさんは優しい方が多いので、わがままを言えばきっと多少無理してでもチャットに来てくれるとは思いますが、そんなことをすれば関係が続かなくなるのはわかっています。

一気にたくさんの対価をいただいて短期間で関係が終わってしまうよりも、できるだけ長く、仲良く関係性を育めるほうが、私としてはより幸せです。だから、私から仲良しさんに「お金をたくさん使ってほしい」と言うことはしてきませんでした。

しかし、中堅の女の子の場合は、1か月で何百万円使ってくれる大口のお客さんを作ることに躍起になることがあります。

純粋な誠意からそれだけのお金を使ってくれればいいのですが、時には"狡猾な営業"によって、お金を引き出そうとする子もいます。

その理由として使われるのが、「お父さんが病気だから」「弟の学費を払いたいから」といったもの。本当ならばまだよいのですが、残念ながらただの嘘であることも多いです。そうした嘘で男性からお金をせしめるのは、詐欺まがいだと思います。

そのような安易な嘘がバレると、運営にクレームが入って、女の子自身の責任も追求され、大変な事態になることもあります。

1人のお客さまに何百万、何千万円と大金を使っていただくことは、その分、リスクを背負うということです。恨まれる可能性も高く、どんなトラブルに発展するかわかりません。

私がチャットレディとして息長くやれているのは、そういったお客さまからのクレームやトラブルに遭ったことがないことも、理由の一つなのかもしれません。

でも、どんなに教えてあげても、そういう"狡猾な営業"は後を絶ちません。
なぜ、いつまでもこの営業がなくならないのかというと、お客さまにとっても達成感を得やすいからではないかと、私は思っています。

チャットレディ業界では、数百万円使ってくださったお客さまがいれば、すぐにトップランカーに上がることができます。おそらく5、600万円くらいを短期間で使えば、自分のお気に入りの女の子を1位にすることは可能です。

1位を取れば達成感を得ることはできますが、長い目で見ると女の子にとってあまり良いことはありません。なぜなら、次の月にそのお客さまが同じようにお金を使えることは少ないので、わかりやすくランクも落ちてしまうからです。

チャットレディのイメージ悪化を防ぐためにも、あまりにもお客さまに負担のかかるような営業をする子が減ってくれることを、私は願っています。

チャットレディたちのサクセスストーリー

残念ながらチャットレディの9割は1年以内にやめてしまいますが、そんななかでも続けて、きちんと成功を収めたチャットレディたちも少なくありません。

私はチャットレディの仕事を始めてから、たくさんの女性たちの人生に触れてきました。本章の最後に、私が出会ってきた素敵なチャットレディたちについて、ご紹介したいと思います。

チャットレディは、若い女性のほうが有利なんじゃないかと思われがちですが、決してそうとは言い切れません。例えば、私が知っている50歳のチャットレディの方は、月間1位を取り、若い女性たちよりもずっと多くのファンを獲得していました。

彼女は年齢をまったく感じさせないくらいの自然体でお客さまと接する方だっ

たので、その点が強みになったのでしょう。彼女に出会ったとき、「年齢や見た目にとらわれないで、自分らしさを大切にすることが何より大事なんだな」と私自身も気づかされた気がします。

また、一度振り切った状況に追い込まれると、努力を惜しまない女性が多いのも、この業界の特徴です。

300万円の借金を抱え、「早く稼げる仕事がしたい！」とチャットレディ業界に飛び込んできた女の子がいました。彼女は友達とシェアルームで生活し、アルバイトを掛け持ちしてどうにか生活をやりくりしていましたが、ふとしたきっかけでこの仕事に出会いました。

そこから、周囲が驚くほどの努力を重ね、わずか2〜3か月で借金を全額返済。チャットレディの仕事が、彼女にとって大きな転機となり、短期間で人生を立て直すことができたのです。

そのほかにも、自己破産を経験した女性も、チャットレディとして成功を収めた例もあります。彼女はコミュニケーションが苦手で、時には相手を傷つける言葉を発してしまうこともありました。

でも、この業界は自分のペースでやり方を模索できるのが特徴です。結果として、月収30万円以上を安定して稼げるようになり、苦手な部分があっても自分に合った仕事を見つけ、成功を手にしたのです。

そのほか、キャバクラではずっと指名がもらえなかった女性が、チャットレディに転身してトッププランカーになったという話も聞きます。キャバクラの世界は華やかでプロフェッショナルな印象が求められますが、チャットレディはいい意味での素人っぽさや親しみやすさが強みになります。

業界が変わるだけで、評価は大きく変わる。まさに「自分が輝ける場所を探すことが大事」と痛感しました。

こうしたエピソードを聞くたびに、チャットレディという仕事がただの稼ぎの手段ではなく、自分の強みを活かせる仕事だなと感じずにはいられません。

仕事は失ったけど、恋をつかんだチャットレディ

チャットレディの世界では、恋愛は厳禁です。チャット上でお客さまとある種の疑似恋愛を行うので、「恋に発展することもあるのでは？」と思われることも多いのですが、実際にはシステムやルールがしっかりと管理されています。

原則、お客さまとのやりとりはサイトを通して行われ、個人的な出会いは禁止されています。ですが、お客さまとチャットレディの間に生まれた恋愛エピソードも少なくありません。

例えば、ある女性はお客さまとチャットを重ねるうちにお互いに好きになってしまい、最終的には彼女はチャットレディの仕事を辞め、そのお客さまと真剣に

お付き合いを始めたという話があります。

お客さまと連絡先を交換したことがバレたら、女の子が所属する事務所全体がアカウント停止という、大きなペナルティが与えられることもあります。ですが、チャット上で出会った彼らは、こっそりと連絡先を交換して、二人で会い、いつの間にか愛を育んでいたようです。そして今や二人は結婚し、現在でも幸せに暮らしていると聞いています。

こうしたエピソードはなかなか表に出ませんが、実際には同じような経験をしたチャットレディたちも少なくないのです。

表向きには言えないけれど、この業界のどこかで、知らないところで素敵な出会いが生まれている。そんなエピソードを聞くと、この仕事も捨てたものではないなと思ってしまいます。

私もいつか素敵なお客さまに出会ったら、恋愛に発展するかはわからないけれど、この仕事を引退したら逢いに行きたいと、割と本気で考えています。

Chapter 5

チャットレディに「好かれるお客さま／嫌われるお客さま」

お客さまはどんな人が多い？

前章では、チャットレディにはどんな子が多いのかをご紹介してきました。続いて本章では、逢いに来てくださるお客さまには実際どんな方が多いのかをご紹介したいと思います。

チャットレディを利用する男性客は、驚くほど多様な層が存在しています。年齢層は30代、40代、50代の方が多い傾向がありますが、20代の若い男性もいます。年上の女性に興味を持った若者がマダム系サイトに訪れることもあります。

そのほかに多いのが、貯金があって、リアルではあまり遊ばないタイプの男性。仕事が忙しく、外での娯楽に時間やお金を使う機会が少ないため、チャットを趣味にしてくださることが多いのです。

また、どちらかというと、恋愛経験が少ない男性が多いように思います。

女性との接点をあまり持たないまま年齢を重ねた30代や40代の男性が、チャットを通じて女性と交流を持つ場として利用しています。

特に利用者が急増したのが、コロナ禍です。外出が難しくなり、オンラインで女性と話せる場としてチャットレディ業界が人気を集めたという背景もあります。

また、キャバクラに行かないけど、素人の子とパソコン越しなら安心して話せるという理由から、チャットレディを利用する男性も多いようです。

その点では、パソコンに強い男性が多いのも、ライブチャットのお客さまの特徴と言えるかもしれません。

チャットレディに嫌われるお客さまとは？

チャットレディをしていると、時折、「嫌われるお客さま」に遭遇することがあります。そんな例をいくつかご紹介します。

1.「食い逃げ」するひと

まず多いのが、「食い逃げ」するお客さまです。

私たちのチャットシステムには「プレゼント」という制度があります。いわゆる「投げ銭」みたいなものなのですが、数百ポイントから1万ポイントくらいあり、なかでも特に「のぞきさん」がそのプレゼントをチラつかせて要求をしてくることはよくあります。

「胸見せてくれたら、花束1000ポイントあげるよ」
「プレゼントをあげるから下着を見せてよ」
「投げ銭するから胸やパンツを見せて」

といった形で、さまざまなリクエストをしてくるんです。

女の子がその要求に応えてもいいと思うのであればかまいませんが、問題は、女の子がリクエストに応えた後、お客さまが約束通りにプレゼントを贈ってくれないケースがあることです。

本当にプレゼントを贈ってくれる人もいますが、多くの場合は「贈るから見せて」と言いながら、そのままいなくなってしまう、いわゆる“食い逃げ”をする人が少なくありません。

私にも、そうしたリクエストをするお客さまは少なくありません。

基本的にそうしたお客さまにはほとんど対応しないのですが、安易にそういうことを言うお客さまには、最初から釘を刺すようにしています。

「本当にプレゼントを贈るほど見たいんですか?」と確認して、軽い気持ちで「贈るから見せて」という態度を取られないようにしています。プレゼントで釣るような行為は、信頼関係を崩すもとになるので、お客さまは絶対にやらないでほしいし、女の子も慎重に対応してほしいと思います。

2. 別人格で「のぞきさん」として来るひと

名前を出さずに匿名で配信チャットを閲覧できる「のぞきさん」というシステムがあります。そのまま匿名で秘密のメッセージも送ることもでき、その匿名性を悪用する方がいます。

例えばよく配信時に来るおなじみのお客さまであるAさんが、匿名の「のぞきさん」として入ってきて、「Aさんのこと、どう思っているの?」「Aさんがもし本気で告白してきたらどうするの?」と聞いてくることがあるのです。

男性は匿名だからバレないだろうと思っているのかもしれませんが、私たちは文章でコミュニケーションを行うプロでもあります。ちょっとした言葉遣いや話題、反応、文章の特徴や句読点、記号の使い方などで、たいてい「この人じゃないかな?」と勘付いてしまうことが多いのです。

チャット上での「自作自演」はバレやすいので、ぜひ注意してみましょう。

また、自分の名前を出している「メイン」のときはセクシーなリクエストを要求しないのに、匿名の「のぞきさん」のときだけ、露骨なことを要求する人も多くいます。

もちろんそれはチャットの楽しみ方の一つでもあるので、全面的に否定をするつもりはありません。

しかし、仲良しさんであればあるほど、隠し事をされてコミュニケーションを拒否されてしまったように感じ、傷ついている女の子がいることも私は知っています。

そうした裏の顔が垣間見えてしまう瞬間にも、女の子たちからは嫌われてしまいがちです。どんなに本人は隠しているつもりでも、たいてい女の子にはバレていると思ったほうがいいのかもしれませんね……。

私たちはお客さま一人ひとりに「愛情」を持って接しています。それは恋愛的な愛情とはまた違うこともあるかもしれませんが、愛をくださる人たちだから、私も何かを返したいという気持ちは常に持っています。

でも、正直、匿名を装って話しかけてくるお客さまは、私自身もあまり好きではありません。疑問があるなら直接聞けばいいし、匿名を装って質問されると「私のことを信用していないのかな」と悲しい気持ちになります。

お気に入りのチャットレディに何か聞きたいことがある人は、ぜひ正々堂々とアプローチしてくださいね。

3．新人いびりをするひと

チャットレディの新人さんが必ずといっていいほど経験する洗礼が、お客さまによる「新人いびり」です。女の子同士でも新人いびりはあると前章でお伝えしましたが、お客さまにも新人さんをいじめる人が少なくありません。

「お前は顔がかわいくないんだから脱げよ」「脱いでくれたら常連になるよ」「新人のくせに、なんでそんなこともできないの？」などと平気で言い放つお客さまが後を絶ちません。

まだ慣れていない女の子は、言われるがまま要求に応えてしまうことはゼロではありませんが、そういったお客さまが好かれることはまずありません。

4．アダルトで「お話だけ」するひと

私がやっているノンアダルトとは真逆なのですが、アダルトジャンルで普段服を脱いだり、パフォーマンスをする女の子は、お話だけをするお客さまを嫌う傾向があるようです。

アダルトジャンルを選ぶ女の子は、基本的にお客さまとコミュニケーションを取るより、「稼ぐ」ことに熱心な子が多いからだと思います。

アダルトの場合は「脱いで」と言われるのは、“開始のゴング”のようなもの。誰か一人とお話をしていると、のぞきさんが来なくなってしまいます。脱いでパフォーマンスすれば、どんどんお客さまが入ってきて秘密のメッセージやプレゼントをもらえるのに、お話だけされてしまうと、自分がやろうと思っていた展開に持っていくことができません。

アダルトジャンルの女の子からすると、お話をする人には「話したいならノンアダルトに行ってほしい。なんで邪魔するの？」というマインドを抱きがちです。ノンアダルトでは「脱げ、脱げ」と言われる人が嫌われるのに、アダルトだとまったく逆のことが起こってしまうのです。

でも、この2つは実は本質的には同じで、要は「空気を読まずに場を荒らす人が嫌われる」ということじゃないでしょうか。女の子のことを考えず、空気を読めない人は、知らない間に嫌われていく。

こうしたお客さまは、おそらく日常生活でも、知らないうちに周囲から孤立していることが多いのではないか……と邪推してしまいます。

5．否定的な小言を言うひと

自分のお気に入りの子に、悪気なく細かく意見してしまう。そんなお客さまも少なくありません。

「夜までの配信予定だったのに、朝方までチャットやっていたんだ？時間にルーズなのってプロとしてありえないよね」

「どうしてあんなセクシーな服やコスプレを着るんだ。周りのやつに見られて羞恥心はないのか？」

といったメッセージやメールを長々と送ってくる人もいます。

でも、その人には悪気はなく、おそらく親切心や心配から言ってくれているのでしょう。私のデビュー当初から見守ってくれていて、もう3年以上のお付き合いになる方もいるので、根底に愛があるのはわかっています。

本当に「この人と接するのはもう嫌だ」と思うことも多々ありますが、それ以外のときは、できるだけ優しい気持ちで関わるようにしています。

そんなふうに私に否定の言葉をぶつけてくる彼は、きっとこれまでの人生で親しい友達はできづらかっただろうし、人を想って言葉を紡ぐ機会も少なかったのだろうな……。そんな人にも私が優しく対応できたら、その人の人生そのものが変わるのかも……。

きれいごとのように聞こえるかもしれませんが、出逢う人すべてが大切な時間とお金を私に費やしてくれる以上、何か幸せを与えられたらいいな、よりよく人生を変えられるきっかけになりたいなと日々想っています。

6．チャットレディの仕事をバカにしているひと

時々いるのが、「なんでこんな仕事をしているんだ」「こんな仕事をしているなんて、お前の人生は終わってる」「よくそんな下品なことができるな」「そんな格好して、親が悲しむよ」などと、チャットレディの仕事自体を蔑む人たちです。

自ら進んでチャットレディのところに来て、こんなことを言う方が残念ながらよくいます。このタイプの人はどれだけ時間を使おうと、チャットレディに好かれることはまずありません。

時には「チャットなんてしてないで、俺が愛人にしてやる。水揚げしてやろう」などと言ってくる人もいます。でも、これはチャットをする女の子たちに対してひどく失礼な行為なので、今すぐやめたほうがいいと私は考えています。

ほかにもよくあるのが、チャットに入ってきて説教をされる方。私たちはまがりなりにも自分の人生の一部をかけてチャットレディをやっているので、嫌な気持ちになります。

彼らの根底にあるのは、私たちに対する「蔑視」です。私たちは可哀想な存在で、嫌々この仕事をやっている。男性の経済力によって、この世界から「抜け出させてあげる」と考えているのかもしれませんが、勘違いも甚だしいと思います。

もちろんチャットレディのなかにも、「好きでこんなことやってるわけじゃない」という子もいるかと思います。

ですが、自ら面接を受けて、「がんばるぞ」と意気込んでモニターの前に座っているんです。別に強制されているわけではありません。自分の意志で、自分の人生に責任を持つために、この仕事に取り組んでいます。

だから、私たちを見て「親が悲しむ」「バカな仕事をするな」などと蔑むような上から目線の発言は、本当にやめてほしいと常々思います。

7. 規約違反なことを要求するひと

当然のことですが、規約違反にあたることを持ちかけてくるお客さまは嫌われます。規約を違反すると、その話に乗ってしまった女の子にとっても、所属する事務所にとっても、大きなリスクを生むことになるからです。

例えば、「下着姿の写真を10万円で売ってほしい」といった話を持ちかけられたとします（実際にこういうリクエストは非常に多いです）。

しかし、規約上、お客さまと直接連絡先を交換して、物品の受け渡しをすることは禁じられていますし、そのお客さまも女の子のアカウントもBANされてしまう可能性のある非常に危険な行為です。

実はメルカリやオークションサイトなどを通じて物品のやりとりをしたり、アマゾンの「欲しいものリスト」でやり取りする抜け道もあるようなのですが、それらは非常にグレーです。

直接やりとりすることで女の子に危害が及ぶ可能性があるので、このような規約違反は絶対にやらないでほしいと思います。

8．連絡先を聞くひと

私たちチャットレディとお客さまのチャットには、1分ごとにお金のやり取りが発生します。そのため、早く親密になりたいお客さまからは「LINE教えてよ」と聞かれることも珍しくありません。

これは先ほどに続き規約違反の最たるもので、プラットフォームの運営側に見つかってしまったら、女の子だけでなく、事務所のアカウントまで停止されてしまうからです。

たいていのお客さまはふらっとチャットルームにやってきて、好き放題言って、女の子との雰囲気が悪くなったら退出してしまいます。

そういう方たちに共通するのは、すぐに女の子の連絡先を聞き出そうとするというもの。目的は、リアルで会いたいか、ビデオ通話で性的なことを見せてほしいなど、実にさまざま。でも、結局は「お金がもったいないから」という理由がほとんどです。

私たちチャットレディからするとお仕事にならないので、そういうお客さまが好かれることはまずありません。

かつて私が犯した、住所を教えてしまうという大失態

実は私自身も、お客さまに自分の住所を教えてしまったことがあります。

チャットレディを始めたばかりのこと。いつも私のチャットを訪れてくれるお客さまの一人が、「つばさちゃんに渡したいプレゼントがある」と言ってくださったんです。でも、リアルなプレゼント機能はシステム上にないし、直接お客さまと連絡を取ることは禁止されています。

そこで、お客さまが提案したのが「あるネットショップURLを経由してプレゼントをする」というものでした。

そのお客さまは、ネットショップに「羽川つばさちゃん用」という300円の出品をするので、それを私が購入し、お客さまがネットショップ経由でプレゼントを送ってくださるという段取りになりました。

しかし、発送方法のやり方によっては、発送先の住所が相手に伝わってしまうことがあったのです！　私はそれを知らなかったため、お客さまに実家の住所がバレてしまいました。

その後も、ご自身の気に入った本をはじめ、いろいろなものが実家に届くようになりました。

そのお客さまには悪気はなかったので特に問題には発展していませんが、相手によっては危険なことになっていたかも……。住所がバレた女の子のところに直接行くようなお客さまも、決してゼロではないですからね。

直接の連絡先を教えるのは引退した日

私のところには、そもそもあまり連絡先を聞いてくるようなお客さまは少ないのですが、もし聞かれた場合は「私が連絡先を交換できるのは、チャットレディを卒業して、この事務所から離れて完全にフリーになったとき」と、お伝えしています。

もし私が連絡先を教えてしまったら、事務所全体のアカウントが消されてしまう可能性があるので、事務所にも一緒に働いている女の子たちにも迷惑がかかり、その影響は計り知れないものです。

そのお客さまが大切でないわけではなく、連絡先を教えることはできないんです。そう言ってお客さまが離れていったら、それはもう仕方のないことです。

時々、「もしも羽川がこの仕事をやめたら、〇〇に一緒に行きたい」と、将来連れて行きたい場所などを教えてくださる方もいます。

この仕事をやめたとき、いつかお客さまと会う日も来るかもしれない――。それがいつになるかはわかりませんが、そう私は本気で考えています。

今の環境だと連絡先を交換したり、会うことはできませんが、この仕事をやめた後、そうしたお客さまたちに会いにいけたとしたら――人生の振り返りみたいな感じで、楽しいだろうなと思います。

過去にいた「特別なお客さま」

実は私にも、「特別なお客さま」がいたことがあります。

その方はとても優しくて、お話をしていて、とても心地良い人でした。最後まで私を責めるようなことを言わずに、ずっと支えてくれた方でした。

来るたびに、その方は私を応援してくれました。

普段心無い発言を受けることも多い私に、「チャットって大変な仕事だよね」「いろんな人と会わなきゃいけないのに、そのなかでがんばっているのは本当にすごいよね」と、寄り添ってくれる優しい言葉は本当に心に沁みるものです。

私のことを心から褒めてくれる、認めてくれるお客さまには、こちらも心を開いていくんですよね。私のことを本当に好きと言ってくれていて、私もそのお客さまのことが大好きで、ずっとその人と話せたらいいのにな……と思っていました。

いつも配信の前には「今日もがんばってね」「みんな楽しみにしているから、普段通りやったら大丈夫だよ」と励ましてくれました。

イベントやお風呂配信などの企画をやるときには、小道具やテーマについてアドバイスをくれたり、私が困ったときにはインスピレーションもくれる人でした。

あくまでも「もしも」の話ですけど、一番支えてくれて、一番の感謝を伝えたいその方には、仕事を辞めたあとに直接お会いしたいと思えるような人でした。

私は正式に恋愛はしたことがないですし、その方のことは確かに好きでしたが、恋愛感情だったかはわかりません。ですが、人としては本当に大好きな方でした。

今はそのお客さまと会うことはありません。彼は、私ともう一人、別のチャットレディの子の配信にもよく顔を出していたのですが、その女の子と結婚することになったらしく、私のほうに「もう君とのチャットはやめるね」と連絡をくださいました。

最後まで、本当に誠実な方だったと思います。

こうしてチャットレディの心をつかんで結婚まで至るというケースが、実は業界ではたまにあること。「どうせチャットレディなんてビジネス的な付き合いしかしてくれない」と思うかもしれませんが、誰もが認めるようなよいお客さまの場合は、そんな展開も起こりえるのです。

好かれるお客さまは、全体の1割以下

さて、ここまで嫌われるお客さまについてお話してきましたが、一方の「好かれるお客さま」にはどんな人が多いのでしょうか。

好かれるお客さまは、私の体感でいうと全体の1割以下ではないかと思います。いや、1割いたらむしろいいほうで、女の子によっては「嫌な人としか出逢えない」との話もよく聞きます。

その理由としては、多くの逢いに来てくださる方々がそもそも「チャットレディに好かれよう」と思っていないからだと思っています。

リアルな対面の人間関係であれば、多くの人はその後の円滑なコミュニケーションのためにも「この人になるべく好かれよう」と思うはず。でもオンライン上だと、現実の自分と違うキャラクターになれるから、自分を取り繕う必要もありません。すると、自分が普段できないことをしたくなるのも当たり前ですよね。

それに、日々のストレスのはけ口として、意地悪をしたり悪口を言うひともいるのかなと思っています。その場限りの付き合いだと、当然、常に相手を大事にしようとは考えにくいのでしょうね。そういう意味では、ほとんどの女の子が短時間しか配信をやっていないということも関係あるのかなと思います。

そもそも女の子自身の態度が良くなかったり、お客さまにひどいこと言ってしまったりして、いい仲良しさんがつくれないという負の連鎖ができてしまっているのかもしれません。

私の場合は比較的配信時間も長く、常連の仲良しさんも多いので、良いお客さまと出逢えることが多いのだと思います。

少なくとも、その場の雰囲気に合わせて私が心地良くチャットをできるように振る舞ってくれる方が非常に多くて、そんな仲良しさんたちは私の宝物です。

チャットレディに好かれるお客さまとは？

では、「女の子たちから好かれるお客さま」はどのような人でしょうか。

次から紹介する「良いひと」の事例を見て、ぜひ実践してみてください。女の子たちから大人気になるはずです！

1．良い言葉をかけてくれるひと

私の好きなお客さまは、やはり「良い言葉」をかけてくれる人です。いい言葉というのはプラスな言葉のことで、基本的にお相手の姿はこちらから見えませんし、文字だけのコミュニケーションにとって言葉は本当に大事なものだなと思います。

単純に褒めてくれるというだけではなく、私のことを想って考えてくれて、寄り添う言葉をかけてくれるような人は一緒にいて心地がいいですし、そんな人から何かリクエストされたら、「この人のためならちょっとがんばっちゃおうかな」という前向きな気持ちになります。

しかもそういう人は、タイミングをわかっていることが多いように感じます。

私は時々、カーテン越しに生着替えをすることがあるのですが、そんなときも「かわいいね。でも、もう少し見せてくれてもいいんだよ～（笑）」なんて、冗談を交えて自分の欲求を言ってくれる方もいます。

場も盛り上がるし、すごく空気を読んで、私の気持ちを読み取ったうえで発言してくれることが、とても嬉しくなってしまいます。

常に私のことを考えてくれて、優しい言葉をかけてくれる人のためなら、できる限りがんばりたい……そう思わせてくれる人が、私にとって大切で大好きなお客さまです。

2．お金の話をしないひと

好かれるお客さまに共通する特徴の一つに、「お金の話をしない」というものがあります。

私たちとお客さまの間にはお金が介在する関係であることは、お互いよくわかっています。感謝をするのは当たり前だとはわかっていても、「俺はこれだけ払ってるんだから、これくらいしてくれてもいいよね」と言われたり、そういう態度をされてしまうと、やはりいい気持ちはしません。


以前、「あなたのために100万円使ったよ」とメッセージを送ってくれた仲良しさんがいました。お金を使ってくださるのはとてもありがたいのですが、払ったお金の対価がほしいと言われてしまうと、どうしたものかと考え込んでしまって、マイナスな気持ちになってしまいます。

そうしたお金の対価を求めるのは基本的に逆効果で、もしあなたに恋心を抱いていた女の子でもそれを聞いたら冷めてしまうものだと、知っていただきたいものです。

3．ツーショットで仲が親密になる可能性も？

チャットレディと親密になれるシステムとして「ツーショット」があります。いつもは一人の女の子に対してたくさんの方が見られるようになっているのですが、お客さまとチャットレディの二人だけでやりとりができるシステムが「ツーショット」です。

そこでのコミュニケーションも基本は文字ですが、ツーショットではお客さまも顔を出したり、声を聞かせてくださることもあります。普段、文字でコミュニケーションをしているお客さまと実際に話すと、よくも悪くもそのお客さまの印象が変わることがあります。

私は、お客さまがどんなルックスでも、それで好きじゃなくなることはありません。顔の造作よりも、お客さまがどんなふうに笑うのか、どんな間で言葉を発するのか、そういったことが印象に残ります。

そうやって仲良くなっていくと、ツーショットの時間が増えるのはよくあることです。二人きりだから関係が深くなって、それこそ恋人同士みたいな空気になってしまう女の子も少なくありません。

ノンアダルトでは基本絶対に脱がないような女の子も、大切なお客さまとのツーショットでは脱いでしまうこともある。それは、本当に恋人のような感覚ですよね。あくまで画面越しのバーチャルな関係ではありますが、そうやって極めて本物に近い恋愛を楽しめるのが、チャットレディの魅力なのかもしれません。

顔を出して話すとき、清潔感のある服装やアングル、背景などにこだわると、チャットレディからの印象も良くなりますよ。

4.「待機はさせない！」白馬の王子様

長く一緒に過ごしてくださって、時間やお金をたくさん使っていただけることもチャットレディにとって本当にありがたいことなのですが、実はもっとお金をかけずに、効率的に女の子に好印象を残す方法があります。

それは「女の子がログインしたとき、いちばん最初に入ること」。

私たちチャットレディにとって一番恐れるのは、待機状態です。待機状態のときは収入にはならないですし、映像だけは流れているので、画面に向かってずっと笑顔で手を振ったりしなくちゃいけない。それで20分も30分もお客さまが入ってこないと、やはり焦りを感じたり、心が折れてしまうこともあります。ランキング上位になっても、その恐怖感は変わりません。

だから、最初にチャットルームに入ってくれる方は、私たちにとっては「迷える乙女を迎えに来てくれる王子様」なんです！　使った時間・使った金額だけでなく、そういうタイミングに入室してくれるだけでも、女の子から感謝される特別なひとになれます。

最初に入室するということは、必ず二人きりになるので、女の子にも好印象を残しやすくなります。混雑時の1人より、最初のおひとりは間違いなく印象に残りますし、好かれると思います。

5．好かれたいなら専属マネジャーが近道？

チャットレディに好かれるお客さまになりたいなら、その子の“マネジャー”を目指すのがいいと思います。“マネジャー”といっても、実際に事務所のマネジャーになるわけではありません。

私たちは、配信内容の企画やアイデアを考えるのに困ることもたくさんあります。女の子に「こういうイベントやったらいいんじゃないかな」とメールなどで送ってくれたり、アイデアを一緒に考えてくれるような人は好かれると思います。

同じ事務所の仲のいい女の子にも、よく長文でアドバイスのメールをくださる人がいるそうです。そのお客さまは「何時から何時に人が少ないから、ここで新規さんをつかもう」と分析やアドバイスもしてくれて、自分では気づかない視点がたくさん盛り込まれているので、彼女にとってもとてもありがたい存在なのだそうです。

私もイベントで着る衣装で悩んでいるときに、仲良しのお客さまからアドバイスをもらうことがあります。

衣装が購入できるサイトのURLをメッセージで送ることは規約上できないので、代わりに「こういう言葉で検索したらいいよ」と教えてもらって、その衣装にたどり着いたこともあります。

たまに「透明かな？」と思うくらい透けている水着とか、ヒモみたいなまったく隠せていない衣装など、実際着用できないようなものを教えてもらうこともありますが……。でも、それも、私のために一生懸命考えてくれた提案と思えば、嬉しくてありがたいことだなぁと思います！

この業界は、「マネジャーのせいで稼げない」という理由でやめていく子も多くいます。その代わりを優しく務めてくれるような仲良しさんには、女の子たちも感謝と親しみを感じていると思います。日々、来てくれる方々に楽しんでもらえるようなことを一人で考え続けていると、どうしても限界はくるので、お客さまからの提案はとてもありがたいのです。

6．私たちに寄り添ってくれるひと

たくさんのお客さまを見てきましたが、基本的にはとてもピュアな方が多いと感じています。でも、みなさん、何かしらのコンプレックスを抱えていたりして、それを私たちにぶつけてくることもあるのです。

「社会に出たら通用しないぞ」
「こんな仕事、長くできると思うのか？」

社会的にきちんとされている人であればあるほど、こういう言葉を言いたくなるのかもしれません。「普通」を押し付けてくるようなことを言うお客さまが多いので、女の子側も「こんな仕事、今やってるだけだし」という負のモードに入ってしまうんだと思います。

日々接するお客さまが「この仕事なんてこんなもんだ」と蔑んできていたら、私たちはがんばって働くのもツラくなってしまいます。逆に、私たちに寄り添ってくれるお客さまには、本当に心から感謝しています。

「みんなに幸せを与えてあげる素敵なお仕事だよね」
「いろんな人をたくさん幸せにできる、そんな人なかなかいないよ」

そんなふうに言ってくれる方が毎日逢いに来てくださったら、私たちはいつもこのお仕事に誇りを持ってのぞむことができます。

私たちを1人の人間として、プロフェッショナルとして、誇りを持たせてくれる人。結局、そういう人が一番好かれるお客さまなのではないかなと思います。

Chapter 6

チャットレディで
1位になるまでに、
私がやってきたこと

1位を取るまでに一番意識したのは「配信時間」

「トップランカー」になるまでに、私はさまざまなことを実践してきました。

そこで、本章では私がチャットレディとして1位を取るまでにやってきたことを具体的にお話していこうと思います。

私がノンアダルトジャンルで1位を取るまでに一番意識したのは、「配信する時間を増やすこと」です。意外とチャットレディ業界では重要視されていないのですが、私は時間さえ長くとれれば稼げるという強みと確信がありました。

長時間配信って、実際にはできない人がほとんどなのです。長くやる体力がない子も多いし、「時給が下がる」と考える子が非常に多いのも原因の一つかもしれません。

たしかに、効率よく稼ぐならばピークの時間帯に入ったほうがお客さまは多いので、平均時給は上がりやすくなり、よりよいと思うのでしょう。お昼などに時給が下がりやすいのは事実です。しかし、1か月間のピーク時間で見ると、多くても〃100数時間ほど〃と限りがあります。でも、その時間も含めて長時間配信することができれば、その分、たくさんのポイントを得やすくなります。当然、収入にも反映されます。

この仕事をしている女の子のなかには、「たくさん稼ぐこと」よりも、「時給が高額であること」に、プライドを持っている人が多いようです。

「私はたしかに月給は少ないけど時給は○○円だし、あの子は配信時間がいつも長いから収入が多いだけだ」
「自分はプライベートも充実してるし、あの子はチャット依存症で可哀そう」

そういう言い訳をしている女の子も少なくありません。だから長時間配信なんてやりません、と。

でも、私から見れば、そこに最大の売れない理由があると思います。実際に月給を見てみれば、比べるまでもありません。変なプライドにとらわれて、チャットの配信時間を伸ばせない女の子は、本当に多いのです。

「待機」の可能性は無限大！

メンタル面で自分を守るために、長時間配信しない女の子もいます。配信時間を長くすると、誰か入室してくれるまでただ待っている「待機時間」が長くなり、その間の時給はゼロです。私も、お昼などの人がいない時間帯には1時間ほど待機したこともあります。

でも、そのように人が少ない時間帯でも、待機中の女の子をのぞきにくる方がいたりします。特に、日中はお仕事や何かの作業中にページだけ開いている方もいるそうです。そして、そこで「お気に入り登録」だけをした女の子のチャットルームに、後日、長時間入ってくる人も珍しくありません。

メインでチャットに入るというのは、お客さまにとってだいぶ緊張するものだと思います。また、一度入ってしまったら挨拶をしたり、ある程度のコミュニケーションをとらないといけないので、時間がかかります。だから、パーティチャットが始まってから「のぞき」で入ってみようとする人も少なくないのです。

待機時間は、自分を売り込むチャンスの時間です。その待機時間があったから新しい人に知ってもらえることもあるので、決して無駄な時間ではありません。「自分の売上を上げたい」と思うなら、待機を怖がらず果敢に挑み、ぜひ配信時間を増やしてみてください。

実は待機中こそ一番気を遣うべき

待機中は常にカメラに向かって笑顔を向けたり、手を振ったりし続けなければいけません。案外、その作業が億劫で、待機はしたくないという子も少なくないかと思います。

また、待機が長いと「人気がない」と思われてしまうかもしれないという懸念から、女の子に極力待機をさせないようにしている方針の事務所もあります。

しかし、私はその考えが正しいと思いません。お客さまは、会員でなくとも1分間だけは無音の待機映像を見ることができます。なので、各部屋のチャットレディのルックスや雰囲気をお客さまはそのたった1分間、なんならその数秒で判断します。

待機中は声が伝わらないので、映像でどう振る舞うかが勝負。時々、スマホをいじったり、何か作業している様子を映している女の子もいますが、これは本当にNG。

副業でチャットレディを始めたOLさんがパソコンで仕事をしながら待機することもありますが、これもお客さまが入ることはまずないと言っていいでしょう。

お客さまは、入ったらちゃんと相手してくれそうな子を見極めようとしているのです。

では、待機中はどんなことをして待っていたらいいのでしょうか？

一番大切なのは、やっぱり笑顔です。ニコニコしながらカメラの前で手を振ったり、ぬいぐるみを抱きかかえてみたり、体勢などの座り方を変えてみたり、いろいろなことをします。

そして私は、待機中の見た目にとても気を遣っています。なぜなら、待機は声もコミュニケーションも何もない状態で、映像だけみんなに見られているから。
そのときに1秒でも悪いところが見えたら、「この子はいいや」とスルーされて、二度と見てもらえなくなる可能性が高いからです。

大切なのは待機中の第一印象です。相手がいつ入ってくるかわからない状態だからこそ、ものすごく気遣う。待機時間こそ、全力で見た目に気を遣うべき時間だと、私は考えています。

コロナ禍の可愛いキャバ嬢さんたちはみんな辞めていった

初期から私がほかの子たちよりも待機が得意だった理由の一つは、「プライドがなかったから」かもしれません。

それまで男性からモテたことはなかったし、告白しても告白してもフラれ続けて8連敗記録も持っているのは、すでにお話した通り。“売れ残る”ことに対しても、何とも思わなかったのです。
だから私には、「放置されること」「モテないこと」へのプライドが全然なく、それが当たり前だと認識していました。

コロナ禍には、営業できなくなった売れっ子キャバ嬢のみなさんがたくさんこの業界に入ってきましたが、「キャバクラでは売れっ子だった私が待機だなんて！こんな仕事やめる！」といって、やめていった人も数多いです。かわいくて、容姿に自信がある人ほど、待機に耐えられない傾向があったように思います。

モテた経験がない私は、お客さまがすぐ来ないのも当たり前。むしろ、誰か入ってきてくれたときには「私をたくさんの女の子の中から選んでくれた！」と喜び、驚いていました。

無料の待機視聴でさえ、数多くいる女の子のなかから私を選んでくれたことに、感謝でいっぱいでした。そんなふうに考えているとニコニコしながら待機もできたし、お客さまが入ったときに「来てくれてありがとう！」と心からお礼を伝えることができました。

それまでモテたことがなかったことすら、チャットレディをするにあたっては悪くなかったのかもしれませんね。

もちろん見た目以外にも気を遣う

「待機中には見た目は気にしよう」とお伝えしましたが、待機中のみならず、配信中であっても、この法則はテッパンです。

これまで売れている人で、見た目に気を遣わない人はいません。

トップランカーは絶対に気を抜かず、毎回入るたびに「自分史上一番可愛い状態」をキープしています。それはメイクや髪型、服装もそうですが、カメラや照明の位置、色調に至るまで綿密に計算しています。

私の場合は、毎回準備に1時間くらいかけていて、完璧な状態で待機に入るようにしています。お客さまにとって待機状態を見るのはたった一瞬、そして入ってきてからも一瞬。その瞬間に油断していたら意味がありません。

つまり、「お客さまが見てくれる一瞬にどういう印象を与えられるか」をめぐる戦いになるので、「待機中・配信中問わず、画面から誰かに見られる可能性がある時間は常に可愛く、自己ベストな状態でいよう」と思っていました。

ビジュアルにこだわるのは、自分自身の外見だけではありません。

お部屋の状態もそうですし、一緒に映っているクマのぬいぐるみが倒れたりしていないかという細部まで気を遣っています。見る人によっては、このぬいぐるみへの扱いが人への扱いと同じように捉える人もいるだろうし、部屋が乱れているのはいい加減な印象を受ける人もいるでしょう。

お客さまが時間を使う「価値」があると思えるくらい完璧でいようと思いなが

ら、全方位に神経を使って今日もパソコンの前に座っています。

プロフィール写真を毎日変えてみる

チャットレディを始めた当初は、プロフィールの写真にもこだわっていました。どれくらいこだわっていたかというと、なんと、毎日写真を変えていたほど！

当時、多くの女の子は、プロフィール写真を変えるのは1か月から半年に一度くらいでした。数年同じプロフィール写真を使っている子もいました。

理由は、「プロフィール写真はお店の看板と同じだから、めったに変えるものじゃない」と言われていたから。写真が同じでないと、お客さまも女の子がわからなくなってしまう、と思われていたようです。

たしかに写真をコロコロと変更するのはリスクでもありました。

しかし、そんな固定観念がない私が考えたのは、その日のメイク、その日の衣装で写真を撮ってプロフィール写真にすれば、入った瞬間から写真と大差のない印象になれるのではないか、ということでした。そして、そのほとんど同じようで実物よりも少し魅力的な写真を用意することができれば、きっと映像もよりよく見えることでしょう。

そこで毎日、事務所内のいろいろなところで写真を30枚くらい撮っていました。身だしなみに1時間以上かけていたので、実質、毎回の準備に2時間くらいはかけていたのじゃないでしょうか。

その結果、「羽川つばさのプロフィール写真といえばコレ!」というイメージは定着しませんでしたが、「今日はどんなアイコンなんだろう?」と、毎日楽しみにのぞきに来てくださるお客さまが増え続けたのです。

そして、ありがたいことに、私がプロフィール写真を変えるようになってから、同じように毎日写真を変えるチャットレディの方も増えたように思います。

こうやって、新しい文化や習慣が生まれていって、チャットレディの楽しみ方も多様化してくれたことが、私自身もとても嬉しいです。

同じ服は着ない。髪型も毎日変える

トップランカーになるまで、私が意識していたのが「変化」をつけることです。

そのため、連日同じ服を着ることは絶対にありませんでした。仮に同じ服を着る場合でも、少なくとも1か月の間に被ることはほとんどあり得ません。

最近は新規のお客さまも増えてきたので、同じ服でもいいのかなと思うときもあるのですが、今もできるだけ違う服を着るように意識しています。

衣装を変える理由は、印象を変えるためです。

私たちは見た目を売るお仕事ですから、お客さまに飽きられないように、画面の多くを占めるお洋服などは変更するようにしています。

ただ、無限にお洋服を持っているわけではないので、どうしても同じ服を着るタイミングが来ることもあります。その場合は、上下を組み替えて着るとか、アクセサリーやアレンジで見た目を変えるようにしています。

髪型も、毎日変えます。2日連続で同じヘアスタイルにすることはありません。私は今ロングヘアにしています。これは、ロングヘアのほうが好きというのもありますが、ショートだとやっぱり見た目の変化がつけにくいというのが大きな理由です。

配信中にショート好きなお客さまが来たら、ちょっと髪をアップにしてショートカットに見えるようにして、「やっぱりこっちのほうが好き?」なんて聞くこともあります。

いつも同じような自分では自分自身もつまらなくなってしまうので、いろんなお洋服を着て、髪型をして、そんな自分を心から楽しむようにしています。

イメージは固定化しないほうがいい

そのほかに気をつけていたことは、「一つのジャンルに偏らない」ということです。カワイイ系のお洋服を着た直後に綺麗系のお洋服を着て、印象が一定にならないように意識していました。

セクシーになりすぎないようにも心がけているのですが、最近意識しているのが「胸元が空いた服を着る」ということです。私は「お話しに来てくれた人にも身体を見たいと来てくれた人にも、みんなに満足してもらえたらいいなぁ」と、両方のいいとこ取りをして、チラリと胸元が開くような服を着てお話ししています。

イベント時などはそれなりに露出の高いコスプレなどを着るときもありますが、常にセクシーすぎる洋服だとアダルト目当てのお客さまの比率が多くなってしまって、お話をしたい人が離れていってしまうので、見極めは大切です。

あくまでも「お客さまとお話を楽しむ」という自身のスタンスは崩さないように意識しています。

テーマカラーは〇〇の色!?

その日の配信のテーマカラーを決めるのも、私が意識するポイントの一つです。

私のお部屋は基本的に白を基調としており、マイクの色や照明の色、映り込むお花や小物の色……その日によって「青」「ピンク」「黄色」などと色調を揃えるように意識しています。

羽川流テーマカラーの決め方は、なんだと思いますか?

実はここだけの話、私は「下着の色」に合わせていることが多くありました。

例えばブラの肩紐が見えてしまったとき、青がテーマカラーのお部屋やお洋服から異なる色がチラッと見えたら、とっても目立ちますよね。

でも、画面がピンク色に囲まれている状態であれば、仮に同じピンク色の下着がチラリと見えたとしても、そこまでいやらしくは見えない。そんな理由もあって、テーマカラーを揃えることは私のちょっとしたこだわりです。

画面の全体的な印象がまとまっていると品がよく見えますし、日々画面に変化が出るので、その変化する世界観の中で私とのお話もより楽しんでもらえると思います。

これまでご紹介してきたことを振り返ると、私はいつも「変化を持たせる」ことを大事にしてきたのだなと実感します。衣装も、髪型も、テーマカラーも、アイコンも……初期の私はそうやって、一人でも多くのお客さまの目に留めてもらえるように意識してやってきたから、トップランカーとしての今につながっているのだと思っています。

カメラはプロ仕様のものを利用

配信用の機材にも、ものすごくこだわっています。

私は、カメラやパソコンはそこまで詳しくはありません。でも、事務所の社長はかなりのメカマニアなので、最新で面白そうな機材があるとすぐに用意して、私たちの配信環境に導入してくれます。

私が今使っているウェブカメラは、一眼レフ並の画質を持っているものなのだとか。カメラに詳しい方が見たら「これはすごい！」と驚かれるのではないかと思います。

あと最近は、配信中にカメラの位置をよく変えるように意識しています。

いつもは映すことがないキッチンのほうにカメラを向けて配信したり、頭上や真下のアングルにして体や足が見えるようにしたり。カメラワークを少し変えるだけでも、がらりと印象がすごく変わります。

お客さまにとっても新しい刺激なのか、「今度はこのアングルで見せて」などとリクエストをいただくこともあり、とても好評です。

メイクで気にするのは配信映えだけ

メイク用品は高級なものを使っているわけではないのですが、「配信映えするメイク」と「普段のメイク」はだいぶ大きく変えています。

始めたばかりの女の子に多いのが、つい「自分の得意な普段メイク」をしてしまうこと。その結果、自分ウケのいいメイクになってしまったり、配信映えしづらいメイクになっていたりします。配信用のメイクに大事なのは、女の子ウケよりも男性ウケを意識して、ポイントを押さえたナチュラルかつはっきりとしたメイクにすること。

私の周囲の売れっ子たちを見ていると、普段強めのメイクをしていても、配信のときにはナチュラル系や甘めのメイクを意識しているようです。つけまつげや派手な色のアイシャドウなどもあまりウケがよくないので、できるだけナチュラルに可愛くすることが基本方針だと思います。

あと、配信時はみんな強めに照明を当てているため、涙袋とかシャドウが飛びやすいので、影の部分を濃くするようにするのも大切なポイントです。

私の場合、カラフルな色を顔に入れることは基本的にはあまりしません。でも、顔の陰影をくっきりさせるために、普段よりノーズシャドウを濃い目に入れるなど、ポイントメイクはしっかり入れるようにしています。

これはあくまでも私の話なので、自分の顔の形に合わせて、メイクはうまく調整してほしいと思います。

リアルなメイクと配信メイクは大きなギャップがあるので、一度見比べてみることも大事です。その際は鏡で見るのではなく、配信時と同じ照明で、カメラ越しに見てメイクを調整するのが大事。「自分が配信中にどう映っているか」がよくわかるので、ちょうどよいメイクの加減がわかってくると思います。

誰もしたことがないことをしよう

チャットで私が意識するのは、「誰もしたことがない新しいことをしよう」ということです。

以前、社長が私と面接した際、特に印象に残ったと言っていたエピソードがあります。面接の際は、社長がお水を出してくれたのですが、私が帰宅する頃、その水のコップを持って、「シンクの洗剤とスポンジ、使っても大丈夫ですか?」

とコップを洗って帰ったことがありました。

今まで何千人もの女の子と面接してきて、そんなことをする人は誰一人いなかったとのことで本郷さんはとても驚いたらしく、「面接でコップを洗って帰る人なんて初めて見た」と後日、興奮気味に教えてくれました。

そのとき、同時に、社長からはこう言われたのです。

「人の心理を読めるのは気遣いができる証拠だ。相手がどうすれば喜ぶか、無意識のうちに考えてできる人は少ない」

その話を聞いて以来、私は「みんながやったことのないであろうことを、全部やってみよう」と思うようになっていたのだと思います。

せっかく人と話すなら、できるだけいい印象を残して帰ってもらいたい。「この人が今までチャットレディに言われたことのない言葉、誰にも言われたことのない新しい言葉をかけてみよう」と思っていました。

そうすることで、相手の気持ちに少しでも新鮮な影響を与えられたら、私の存在にも意味があるのかなと感じるからです。

「ありがとう」の数ならば、誰にも負けない

ほかの人がしない具体的な取り組みのスタートとして私がオススメするのが、まず初めの挨拶で必ず「来てくださってありがとうございます！」と言うことです。

すごくシンプルではありますが、実はこれ、ほかのチャットレディはあまりしていないようなのです。

「初めまして、こんにちは」とも言わないし、名前も名乗らずに会話が始まるこ

とも多いので、私は「こんばんは、羽川つばさです。来てくださってありがとうございます！」と、最初の言葉から感謝を伝えています。

また、チャット中も、「ありがとう」をたくさん言うように意識しています。おそらく1回のチャットで200回は言っていると思います。「ありがとう」を伝えた回数で競ったら、チャットレディのなかでトップかもしれません（笑）。

「ありがとう」という言葉は、言われると嬉しいし、印象に残りますよね。相手にとって「この子、いい子だったな」という印象が残るはずです。しかもすごく万能で、どの言葉につけても違和感がないのです。

また、終わり方にもこだわりがあって、私は絶対にシフトの時間通りには終わりません。お客さまがいて会話が続いている限りは、延長してでも続けます。

自分が3時間しか寝ていない状態で21時から2時まで配信していても、お客さまが盛り上がっていたらそのまま朝の4時半まで配信を続ける、なんてことはよくあります。

もし疲れていても、お客さまが楽しんでくれている限りは「もうちょっとがんばろう」と思って続ける。これが、私のチャットスタイルです。

100%の自分を見せたいから完璧主義のままでいる

私は、お仕事においても本当に「完璧主義者」だと思います。自分の魅力を100%出してる状態でお客さまと会うことをすごく意識しています。

50%くらいのパフォーマンスしか出せない状態では、お客さまの話題についていけなかったり、ネタを拾えなかったり、せっかく来てくださったお客さまも楽しめないし、自分も楽しめなくなってしまうのです。

身だしなみもそうで、自分がカワイイと思えないときには、配信にも入りません。お客さまにそんな状態を見せられないからです。

チャットは、その日、その瞬間だけの「一期一会」みたいなものです。出会ったときに気に入ってもらえなかったらそのままサヨナラですし、そこで気に入ってくれたらまた来てくれる可能性があるわけで、中途半端な状態で〝一生に一度の出会い〟を迎えたくないのです。

メンタルがツラいときは「最悪の経験」と比べる

私たちのお仕事は、自分のモチベーションやメンタルを安定させることも大切な仕事の一つだと言われています。

私も、やっぱり少し嫌なことを言われることはあります。でも、お仕事だと考えると、ちゃんとコンスタントに配信を続けなければいけない。でもメンタル的にツラくてしかたないときは、事務所の社長である本郷さんにアドバイスされた

「これまでの最もツラい体験と比べてごらん」という一言を思い出します。

私は小さな頃から「これは人生最悪だ」と思うような体験はたくさんしてきました。例えば一時期、母の精神状態がとても不安定だったとき、母が「死ぬ」「出ていく、もう帰らない」と言うたびに、胸がきゅっと縮まる思いでした。

母が目の前でベランダから飛び降りようとしたこともありました。私のその後の言動次第で、母は死んでしまうかもしれない。それが怖くてたまらなくて、私はよく小さな家出をしていました。

今でも思い出すのが高校生の頃、真冬の0℃を切るような寒い日に家出をしたときのこと。衝動的に飛び出したので、防寒着も着ていないまま公園のベンチで震えていました。正直、あの日のことを思い出すと、凍死しなくてよかったなぁと、ほっとします。

もちろん、帰ったらめちゃくちゃ怒られます。それが嫌で、夜にも家に帰らなかったこともありました。

同期であり、チャットレディとして同じ事務所で活動している大親友の〝蜂蜜みお〟とはその頃から友達だったので、彼女に付き合ってもらって公園で夜通し話し込み、寒くなったら彼女の家に入れてもらって泊めてもらうこともありました。

家にいたらメンタルが死んでしまう。外に出たら体力的に死んでしまう……。そんな極限状態を何度も繰り返した学生時代を思い出すと、たいていのことは私にとってたいしたことに思えない。そう考えられるだけで、あのときの経験は決して無駄ではなかったなと思います。

メモ機能の活用はとても大事

私のチャットに2回以上来てくださった方のなかには、私が「驚異の記憶力」を持っていると認識している人も多いかと思います。

しかし、ここで大きな種明かしをします。

チャットには、お客さまのプロフィールに「メモ機能」が付いていて、私はその機能を最大限に活用していたのです……！

お客さまとお話するなかでお聞きした誕生日とか血液型、ご職業や趣味などをメモしておけるので、細かくメモすればするほどコミュニケーションが円滑になって、とっても便利です。

私は、いつ来てくださったか、どんな会話をしたかなど全部細かくメモしていますが、使い方は自由です。これは普通の接客業にはない、チャットレディならではの利点だと思います。

キャバクラやクラブといったお仕事では、あとからメモを書いてお客さまの情報を覚えておくことは、売れている方なら誰でもやっている工夫でしょう。

でも、私たちチャットレディは、お客さまとやりとりをしながら、同時にメモをすることができます。お客さまから送られてきたコメントをコピーするだけでメモができてしまうのは本当に便利な機能だと思いますし、これがなければ仕事にならないほど大切なツールです。

例えば、休みの日にどうやって過ごすのか、その人が好きなちょっとした趣味、最近やったことなどをまとめておけるので、後日、またそのお客さまが来たときには、その話題からスタートすれば、会話も弾みやすくなります。

また、おすすめしてもらった音楽やアニメなどをメモしておけば、いつでも確認することができるので、とても有効に使えます。
でも、女の子によっては、せっかくの機能をまったく有効活用できていないだけでなく、そのお客さまの悪口を書くために活用している子もいるようです。先日、他事務所に所属していたランカーの女の子と話をしていたら、彼女はメモ機能を使ってそのお客さまの悪口を書いて、ストレスのはけ口として使っていると教えてくれました。

「気持ち悪い」「話がつまらない」「早く終われ早く終われ」

私はこの使い方は、本当にもったいないと思います。そのお客さまが来るたびに負のメモを目にして、前回のネガティブな感情を思い出してしまうようでは、いい仕事なんてできないと思いませんか？

何があっても悪口は言わない

私がよく人に言われるのは、「悪口を言わない」ということです。たしかにチャット上でもプライベートでも、あまり他人の悪口は言いません。私自身が「悪口を言ってもまったくいいことがない」と思っているからだと思います。

その人の悪口を言葉にすることによって、言霊として自分にそのまま返ってきます。

あまり好きではないお客さまが来たときに、「気持ち悪い人が来た」と言うことは簡単です。でも、それを言葉にした瞬間に、自分自身も「気持ち悪い人を相手している人間」になってしまうわけです。

知らない間に自分に対しても攻撃をしていることにつながり、自分自身の価値を下げてしまうし、汚い言葉ばかりを言ったり聞いたりしていると、自分の心もどんどん汚くネガティブになってしまいます。

女の子が数人集まると、やはりお客さまの悪口で盛り上がることがあります。「あいつは“クソ客”だ」とか「金も使わないくせに」みたいな話題を延々と続ける子もいます。

ただ、「クソ」「バカ」などの言葉を使わずとも、「あの人はいきなりアダルトな要求をしてくるから困るよね」「『お金を使ってやっているのだから』と言われると、こっちもテンションが下がってしまうよね」などと、事実ベースで話せば、そのお客さまの良くないところを伝えることはできますよね。

うちの事務所では、悪口大会にならないように、できるだけ汚い言葉は使わないというルールがあります。ただ、お仕事をしていると、どうしても非常識なお客さまと接することはあります。そんなとき、私たちの事務所で自分自身の心を鎮めるためにどうしても言いたいときには、この言葉を使うように決めています。

「おふん」

「お」をつければいいのかと思われるかもしれませんが、「クソ」というのは、やはり女の子が使う言葉ではありません。どうしても我慢できないときだけ、「今日は“おふん”のお客さまが来た」と話すようにしています。

でも、どんなお客さまでも来てくれるだけありがたいもの。私たちの事務所の女の子は心からそう思っています。どうしても我慢できない、人間扱いをしてくれないお客さまにだけ、みんなは後でそっと言うのです、「おふんさま」と……。

ひどい扱いをするお客さまの呼び方は？

「悪口禁止ルール」の影響なのか、うちの事務所はチャットレディ同士で集まると、お客さまの好きなところの話題で盛り上がることが多くあるのです。

「あのお客さん、最近私がオススメしたこの曲を聞いてくれたんだよね」

「○○さん、ホント好き！　この前も私を元気づけてくれて！」

といった具合です。みんなでお客さまのいいところを話していると、「いいお客さまがついてくれているのだな」とその子の株も上がりますし、「私もそういうお客さまがついてくれるようにがんばろう」と、全体の士気も上がります。

結果的に、みんな自分のお客さまに意識が向いて「次会ったときに感謝を伝えよう」「メールをしよう」と、プラスの方向にどんどん回っていくような気がします。

良い言葉を使う人には幸運が訪れるのか、プラスの言葉が事務所全体の空気を良いものにしてくれているように思います。

以前、植物に言葉を投げかけながら育てたらどうなるか、という実験が行われたことがあるそうです。すると、「優しく愛のある言葉」を投げかけた植物は元気に育ち、「汚い悪い言葉」を浴びせられた育った植物は枯れてしまったといいます。ネガティブな言葉には、負のエネルギーがあるのかもしれませんね。

本郷さんいわく、「うちの女の子は、売れていくにつれみんな可愛くなっていく」とのこと。

多くの人に愛される売れっ子のチャットレディになると、自然と自分のなかでの愛情が高まっていくのか、表情も活き活きとして、身なりや仕草、振る舞いも人一倍気にするようになる。だから、みんな可愛くなっていくのかもしれません。

人気があるのは、トークを広げられる人？

チャットレディには「トークスキル」が必須だと言われます。でも、最近になって感じるのは、トークスキルは話の上手下手というよりも、お客さまとの向き合い方の違いではないか、ということ。

チャットレディは自分が主役の場にいるので、自分のことを話すことが多くなりがちですが、お客さまの話をちゃんと聞いて話題を広げたり、その話題についてもっと質問するような“キャッチボールができる子”のほうが人気は伸びます。

これは普段のコミュニケーションでも同じだと思いますが、大事なのは、相手に興味を持つこと。「自分に興味を持ってくれている」と感じたらもっと話したいとなりますし、相槌だけを返すようだと「自分に興味がないのかな」とつまらなくなってしまいますよね。

もし知らないことでも、チャットレディはお話をしながらパソコンで調べることもできますから、どんな話題にも対応できるのは大きな強みです。

私はあまり政治・経済のお話は得意ではありませんが、そういう話を振られたら一生懸命調べながらお返事します。ただ、知ったかぶりをするわけではなくて、

「ちょっと調べるね」とお客さまに伝えながら、お客さまからの解説も聞かせていただくような感じです。

また、この人が何を話したいのか、どう返してほしいのか、「真意」を読み取ることも大事です。

例えば「ゴルフに接待で行ってきて疲れた～」とお客さまが話したとき、ほとんど寝ずに朝早くから行って身体的に疲れたのか、苦手なクライアントの接待で精神的に疲れたのか、「一番大きく感情を置いているところはどこだろう」というのを探すことを心掛けています。

そんなときは、「ゴルフあんまりしたことないんだけど、人付き合いって大変だよね」「私も体を動かしながら人と話すとか大変すぎて難しいよ」みたいな感じで続けて、その人のがんばったところをねぎらいつつ話を引き出していくのが、一番大事なのだろうなと思います。

そういうコミュニケーションの真をとらえることができれば、お客さまにとっての「一番」にだってなれるのです。

「一番」ということは最も大事

お客さまにとって最も特別な存在、つまり「一番」になるということは、とても光栄なことです。当たり前ですが、普通に接しているだけでは、その人にとっての「特別な存在」にはなれません。

私は特別な存在になってほしいお客さまに対して、まず私から「一番」をプレゼントすることを意識しています。

「あなたとお話していると一番落ち着く」
「一緒にいると一番楽しい気持ちになるんだ」
「一番テンションが上がる」

私のなかでその人の「一番」を見つけて、お客さまに伝える。どれも本心から思っていることしか言いません。そのことが、その人が言われて嬉しいことだったらなおよし。その結果、お客さまが自信を持って毎日をがんばってくれるなら、それは私にとって何よりのご褒美だと感じています。

ただし、これを少し曲解して、多くのお客さまに「一番好き」と言ってしまうと、それはただの嘘つきです。シンプルな「一番好き」は一人にしか言えないはずですし、それは結果的に不幸を生むことにもなりかねます。

もしそれに近いことを言いたいのであれば、「一番○○なところが好き」または一番とつけず「好きだ」と伝えるべきです。

みなさんも、相手の「一番」に思える部分を見つけて、ぜひ直接伝えてみてください。

おわりに　チャットレディの未来に向かって

日々考えるのは「次にやるべきことは何か」

人生で一番がんばったことはなんですか？

そう質問されたら、私は間違いなくこの4年間、チャットレディのお仕事のことだと答えます。たくさんのことを考えて、工夫して、お客さまと向き合って……そのおかげで1位を取ることもできましたし、歴代チャットレディの記録も塗り替えることができました。

しかし、本気でやり切ったからこそ、以前なら感じていたような楽しみや嬉しさを味わうことは少なくなったように思います。正直、月間1位を取ったとしても、得られる喜びは以前と比べると薄くなってきました。

今、私の気持ちは「次」に向いています。

「次」というのは、私の未来でもあるし、この業界の未来でもあります。

これからのチャットで次に活躍する子を私が育てたい。その足掛けとしてまず本を書いたり、SNSで発信して、自分が学んだことを誰かに伝えたい。そんな気持ちが強く湧いています。

今までの人生でそんなことを思ったことはありませんでしたが、常に新しい目標に挑戦をしていくことが、意外と好きなのかもしれません。

現役プレイヤーだからこそできること

次に私がやってみたいのは、現役トップランカーの視点で、女の子をマネジメントする場所を作るということです。

これまで成果を出し続けてきて、今も現役で成果を出している私だから伝えられるものは間違いなくあるはず。現役だからこそ女の子のことも、最近のお客さまの傾向もよく理解していますし、共有できるノウハウやデータもたくさんあります。

普通のチャットレディ事務所の経営者では絶対にできないことが、私にはできます。

「次」の時代を担う女の子と一緒にリアルタイムにがんばって、1

位を目指していく。その立ち位置が取れるのは、この業界で今どこを探しても私だけだという自負があります。

私のもとで成長した子が、私の記録を塗り替えてほしい

私の人生の使命は、困っている人を少しでもいい人生を送れるようにすることです。

今はそれがチャットというツールで、お客さまを中心にその使命を全うしている。だから次は、チャットをがんばろうとする女の子たちの人生を、ちょっとでも良くしてあげたいなというのが、今の私の直近の目標になってきています。

具体的には、自分でチャットレディのマネジメント事務所を設立し、そこを日本一のチャットレディが集まる場にすること。そして、私の記録を超える売れっ子チャットレディを私自身の手で育てることです。

私の場合、自分が塗り替えてきた記録を超えるのは、常に「未来の自分」しかいませんでした。でも、「新しい人が私を超えてくれる」と考えたら……そういう存在をぜひ私の手で育てたい。それが今の私にとって、一番の楽しみです。

最初の頃から、私は大金を稼ぐこと自体に興味がありませんでした。お金は大きな原動力になると思いますが、私はそこにあまり価値を見いだすことができませんでした。

私は、自分ががんばることで、誰かがもっとがんばれるような力になったり、事務所の数字になったり、新しい記録を作ることで喜ばれたりしたほうが、モチベーションが上がるタイプのようです。

まずは私が今まで得てきたノウハウを次の世代に教えて、その子たちが楽しみながら稼げるようになること。それが、将来的にも自分の喜びになるだろうと思っています。

日本一のチャットレディ事務所を作る

この先もチャットレディだけをやっていても、正直つまらなくなってしまうだろうなと感じることはあります。

それより、自分でチャットレディの事務所を作って、そこで次の世代の女の子を育成しながら経営して、その事務所を日本一のチャットレディ事務所にしたいと思っています。

ちなみに私の所属するチャットレディの代理店グループのなかで、日本一売上を立てている事務所は、今私が所属している事務所です。もはや日本トップクラスのチャットレディ事務所と言っても過言ではありません。

だからこそ私自身の手で、今の事務所を超える事務所を作るというのが、私の新しい目標です。

この配信業界にありがちなのが「マージンを取られるくらいならいっそ配信者は独立しよう」という考え方がありますが、私は賛同しません

売り手、買い手、そして業界全体に「よし」とされる三方よしがあ

るべきなのです。

育ててもらった恩を仇で返すような敵対的独立をすることは結果的に上手くいかないものだと思っています。

この業界の重鎮であるブライトグループの藤崎さん、安西さんには駆け出しの時期から大変お世話になっていて、配信者としてだけでなく、ビジネスパーソンとして本当に色々なことを教えていただきました。

そういったお世話になった方々と一緒に成長できるよう、きちんと筋を通した形で「よし」を目指していきたいと思っています。


もっとも私自身は、ビジネスパーソンとしてはとても未熟です。私も、もっと成長していかなければいけません。がんばりたいと思っている女の子はぜひ、私と一緒にトップチャットレディ、日本一の事務所を目指してみませんか？

配信業の流行とチャットレディ

いまやだれでも手軽に配信することが可能な時代。配信業は、これからも伸びていく分野です。ユーチューバーやライバーは配信業のなかでも知名度がありますが、私たちチャットレディはまだまだ知る人ぞ知る存在。

だから、チャットレディという配信の仕事を、ぜひ多くの人に知ってもらえるように全力を尽くしていきたいです。その意味でも、チャットレディ業界も伸びしろがあると感じています。

市場が拡大して女の子も増えていく大きなうねりのなかで、私はそのときに、この業界のパイオニアとしてここに立っていたいと思っています。

また、ほかの配信業が向いていなかった人でも、チャットが向いていることだってあります。人前に立って話すのは苦手だから配信なんて無理という人でも、人の話を聞くのが好きという場合は、意外とチャットレディ向きだったりします。

私も、学生時代はいわゆる陰キャで友達も多くはないし、教室の一番うしろの席で絵を書いたり本を読んだりしていたタイプでした。でも、「人間」にはとても興味があって、いつもいろんな人を観察していたし、人と話すこと自体は好きでした。

そんな私でもトップになれたのは、このチャットレディ業界だからだと思います。

チャットレディのインフルエンサーを育てたい

これまでチャットレディに、どうしても日陰のイメージがつきまとってきたのは事実です。しかし、さまざまな理由があったとしても、このお仕事についてがんばっている女の子には、このお仕事にもっともっと自信と誇りを持ってほしいというのが、私の願いです。

そして、このお仕事を通じて人生をもっとよくしてほしい、チャットレディをやめた後も、ここで得たスキルを活かしてがんばって生きていってほしいと、心の底から思っています。

このお仕事に対するイメージの悪さは、まずチャットレディ業界自体の知名度の低さに原因があると思っています。本書でも繰り返しお伝えしてきたように、その実態は決してネガティブなものではありません。

しかし、正しく理解していないと、そもそもこのお仕事をやってみようと思う子も少ないでしょうし、今この仕事をやっている子たちも「どうせ私たちは日陰の身だから」と卑屈になって、ひっそりとなるべく目立たないように生きようという姿勢を強めてしまいます。

でも、実際は努力すればするだけ稼げるお仕事でもあります、もちろん楽しいこともあるし、その先に見られる未来だっていくらでもある。私がそのチャットレディのより良い未来を指し示す存在になりたいと、このお仕事を続けていくうちに思うようになりました。

そう思うようになった大きなきっかけは、別のチャットサイトのアダルト部門で1位の方と話す機会があったことです。

アダルトジャンルはノンアダルトジャンルと比べて、市場規模がケタ違いで、そこで何年も1位をキープしてきた功績のある方でした。当然、私より月間ポイントも多く、毎月平均しても1500万ポイントは稼いでいるとおっしゃっていました。

普通の社会人の何倍も稼いでいるような本当にすごい方なのに、その方はまったく偉ぶることがありません。驕らないどころか、むしろ自分の仕事に対してひどく自虐的で、「私は脱いでパフォーマンスしているから全然偉くないよ」と繰り返していました。「業界ナンバーワンの方がこれほど卑屈で、こんなに自信がないものなんだ」と、私は心底驚きました。

やはりこのお仕事に対して「誇り」を持ってできないと、どれだけ結果を出しても卑屈になってしまうのではないかと思ったのです。

でも、今までのイメージは変えられると私は考えています。

例えば、一昔前の「キャバ嬢」というお仕事だって、日陰の存在だと思われがちでした。しかし、キャバ嬢さんの中からも有名人やインフルエンサーが出てきて、SNSやメディアに取り上げられ、彼女たちに憧れる女の子が出てきて、憧れの職業にもなりましたよね。

同じように、セクシー女優のみなさんも、女の子の憧れのような存在になっている人がたくさん出てきたことで、お仕事自体のイメージも向上してきました。

ほんの数年前まで、ユーチューバーだってそうでした。しかし、今では小学生の「将来なりたい職業」にランクインするほど、市民権を得ています。

「仕方なく」ではなく、やりたいお仕事の一つとして積極的に選ぶ人もちょっとずつ増えてきたように思っています。チャットレディにもそういう「道」を、ちょっとずつ私が作っていけたらと思っています。

今のチャットレディ業界には、そういうはっきりとした「憧れの存在」がまだいないように思えます。

私がチャットをがんばりながら、いろんなことに挑戦して活躍することができれば、「羽川つばさちゃんみたいになりたい」と思ってこの業界に入ってくる子も出てくるんじゃないかな。今がんばっている女の子たちも「つばさちゃんみたいに有名になりたいから、がんばろう！」って思ってくれるんじゃないかな。

私が、そんなみんなの希望の光になれたらいいなと思っています。

チャットレディのセカンドキャリア

チャットレディをしている女の子が一度は口にするセリフがあります。

「私、何歳までこのお仕事を続けるんだろう？」

比較的短い時間で会社員の何倍も稼げてしまうお仕事を続けてい

ると、チャットをやめたからといって普通の会社に就職しようと思う人は少ないようです。

でも、なんとなく「若いうちしかできない」ことは気づいている。やっぱり若さを失ってきたら、稼ぎは落ちるだろう。でも、そこから普通のお仕事に就くのは大変だし、金銭感覚もズレているし、私、どうしたらいいんだろう……と迷う女の子が非常に多いのです。

私自身もこのお仕事の先のビジョンが見えないことにずっと不安だなと思っていました。だから、私が「チャットレディのその先」を創り上げて、見本を見せられるようになりたいと日々思うようになりました。

このお仕事は、ずっと続けられる職業じゃなくていいんです。むしろ、いつまでもやるものではなくて、次のステップに進むまでの「つなぎ」でいいとすら思っています。

お金はあるけど、やりたいことも特にない。でも現状稼げているから、とりあえず続けてしまう。そうして配信の頻度が減っていって、たまに戻ってきて数か月暮らせるくらい稼いで、またダラダラ過ごして、お金がなくなったらまた配信して……そしてふと思うんです。「いつまでこんなことできるの？」って。

そういう虚しい気持ちを女の子たちはどうやって埋めるのかと聞いてみれば、女性用風俗やホストなど、一時的な快楽にお金をつぎ込んでしまうということも多いよう。それはそれで楽しいことなのかもしれませんが、心から満たされているように、私には見えませんでした。

「稼げてはいるけれど、やることがない。
本当にお金を使いたいものがわからないな」

「今でも稼げちゃうし、人生、がんばらなくてもいいいか」

特に私が見てきた稼げる女の子たちは、そんなふうに考えているんじゃないかと思うような人ばかりでした。
トップランカーだったすごい人も、稼いでいた分、巨額の税金の支払いに追われて月末や年末だけがんばるという人も少なくありません。1位を取ったのにそうなってしまうのが、私としては残念だなと思ったこともあります。

だから、次の世代の女の子たちには、憧れられるような背中を見せたいなと思います。

チャットレディの道を指示してくれた社長への感謝

何者でもなかった私がチャットレディとして一人前になって1位になれたのも、こうしてみなさんに本をお届けできるのも、事務所の社長である本郷さんが道を指し示してくれたからだと痛感しています。

私がいる事務所では、チャットに関するノウハウや教育はもちろん、お金の稼ぎ方だけじゃなく「人生を教えてくれる」というスタンスだったことが、私にとってはすごく大きなことでした。

この事務所があったから、社長の存在があるから、私はがんばれたのだと思います。

最初の頃から本郷さんは私のことを評価し、ずっと信じ続けてくれました。私ががんばり続けることができたのも、彼のくれた言葉があったからです。

「君なら、絶対1位になるよ」

挨拶の仕方もろくに知らなかったような私に、最初の面接でそんな高い評価をくれた人は、人生で初めてでした。

さらに、彼はこう続けて言ってくれました。

「1位になったら本を出版しよう！」

その言葉通り、まるで予言のようなストーリーを私は歩むことができたのです。

その後、チャットを通じてさまざまな良い出会いに恵まれましたが、そのすべての出会いを引き寄せてくれたのは、最初にして最高の出会いだった本郷さんのおかげで、人生で一番尊敬できる人であり続けるだろうなと思います。

そして、本郷さんと同じように事務所を経営し、最終的に超えるような結果を残すことは、先にもお伝えしたように、今の私の夢の一つです。社会人としてはまだまだですが、いつかはたくさんの迷える女の子を導く人になれたらと思います。

今度は私の背中を見せることで、チャットレディのその先の道を指し示したいと思っています。

この仕事を始めて、少し自分が好きになれた

この仕事をして、何が一番よかったのか。
それは、私自身が、自分のことを少し、いえだいぶ好きになれたことだと思います。

昔から何かうまくいかないと、「こうなったのは全部自分のせいだ」と自責の念に駆られがちな性格でした。何かに失敗すると、すぐ反省モードに入って、「あぁ、きっとここが悪かったんだな」とひたすら一人反省会をしていました。

チャットで1位になったときも、あまり素直に喜べませんでした。「どうやってここまで来たんだろう?」という疑問ばかりで、自分で理由を考えてみてもすぐわからなかったのです。

でも、トップランカーの常連になり、今になって振り返ると、私が1位になれた理由は「チャットを楽しめていたから」だと思っています。

「好きこそものの上手なれ」というように、チャットがとにかく楽しすぎて、気がついたら1位になっていた。そんな感じが一番近いように思います。

とにかく全力で楽しんで、逢いに来てくださる方々と真剣に向き合って、彼らが何を求めているのかを理解しようとする。この気持ちが大事だったと思いますし、お客さまに喜んでもらえることが、私にとってのモチベーションでした。

思った以上にこのお仕事が自分には合っていて、気がついたらナンバーワン。そこで初めて「ああ、私もやればできるんだ」と思えるようになりました。

いまだに一人反省会をするクセは抜けていませんが、自分を少しずつ肯定できるようになってきて、少しずつ自分を好きだと思えるようになったのは、このお仕事のおかげです。

みなさんからもらった御恩には、できる限りの感謝でお返ししたい。この業界自体にも微力ながら恩返しできるように、これからも私はみなさんに安心や癒しを与えられる存在でありたいと想っています。

Message

私が見てきた配信者の世界を敢えて何かに例えるなら

「マラソン中に迷子になって追える背中も見当たらなくて
ゴールがどこにあるかも知らず、雨風強く、道険しく、
そんな過酷な環境でも一人一人それぞれの
たったひとつのゴールにたどり着くため彷徨っている。」

まさにそのような雰囲気の世界で、
今の私もきっとそうなのだと思います。
ひとり苦しく寂しくやるせない時だって山ほどある。

それでも羽川つばさが走り続けるのは、
みんなに あなたに 私もまだ見ぬ世界を見せたいから。

何かのせいにしていても何も始まらない。
私は自分の手で未来を選ぶ！

始点ともするべく書いた、まだまだ青くて未熟な私の本
手に取ってここまで読んでくださり、本当にありがとう。

きっと未来の私もきっと古くなったこの本を
少し笑いながら読んでいることでしょう。

よし!!!!
みんな！今日も頑張ろうね!!!
応援してる！　さぁいくぞー!!!!

2025年3月　羽川つばさ

羽川つばさ Tsubasa Hanekawa

愛媛県生まれ。ライブ配信者、インフルエンサー。

趣味は絵画、読書、サウナ、ドライブ、PC自作、日本舞踊、和太鼓、剣道、獅子舞。

2020年12月よりFanzaライブチャットノンアダルト部門にてライブ配信を開始し、歴代最速の40日で月間ランキング1位を獲得。その後は歴代最高売上となる月間1300万円を達成する。

それまでアダルトとノンアダルトとの配信内容において差別化がほとんどない風潮だったなか、会話中心の配信にてランキング1位を取り、現在のFanzaノンアダルト文化の基礎を作る先駆けとなった。

今後は、自身の配信業の傍ら、これまでの経験を元にした配信事務所を設立し、後進育成に注力していく。

100万人中1位の配信者が見てきた世界

発行日　2025年3月31日　初版第1刷発行

著者　羽川つばさ

発行所　株式会社 游藝舎
〒150-0001
東京都渋谷区神宮前2丁目28-4
電話 03-6721-1714　FAX 03-4496-6061

印刷・製本　中央精版印刷株式会社

ISBN 978-4-9913351-9-8 C0034